검찰수사관은 무슨 일을 하나요?

저자 **곽명규**

추천의 글

양희천 　前 대검찰청 사무국장

　검찰이 근래 수사권조정과 관련하여 많은 변화를 겪고 있고, 그에 따라 검찰수사관들의 정체성마저 흔들리고 있는 상황에서 마침 형사법 이론과 실무에 밝은 현직 검찰청 국장이 '검찰수사관은 무슨 일을 하나요?'를 출간한다니 반가운 마음이다.

　그 내용을 보면 먼저 일반인이 쉽게 이해할 수 있도록 검찰청에서의 형사사건 처리 절차에 이어 검찰청의 조직과 구성원, 검찰수사관의 법적 지위와 특성 등을 개괄적으로 설명한 다음, 검찰청 사무국과 각각의 검사실에서의 검찰수사관의 역할을 구체적으로 설명하고, 이어 근래 국민의 이목을 끌어온 검·경 수사권조정 및 공수처 설치까지 상세히 기술하였다.

　이는 일반인들이 검찰청에서 처리하는 형사사건의 처리절차와 함께 관련 업무를 수행하는 검찰수사관의 역할과 조직문화 등을 알기 쉽게 설명 하였을 뿐 아니라, 검찰수사관을 지망하는 수험생들이나 신규 채용된 검찰수사관들에게 업무소개서 또는 지침서 역할을 함에도 부족함이 없을 것으로 여겨진다.

　그동안 전국 검찰청과 검찰의 각종 형사사건 수사가 세간의 많은 주목을 받아 왔음에도 일반적인 사건처리 절차나 검찰수사관의 역할 등을 쉽게 설명한 책자가 없어서 많이 아쉬웠는데, 이 책이 그 역할을 충분히 할 수 있을 것으로 판단되어 늦게나마 다행이다.

　바쁜 공무수행 중에 틈틈이 짬을 내어 꼭 필요한 책을 저술한 저자의 노고를 치하하며, 앞으로도 더욱 알찬 증보판이 이어지길 기대해 본다.

추천의 글

송인택 　법무법인 무영 대표변호사, 前 청주지검 · 전주지검 · 울산지검 검사장

　검찰에 대한 뉴스나 드라마에 검찰수사관이 등장하곤 하지만, 검사와 함께 검찰을 움직이는 핵심이 검찰수사관이라는 사실은 잘 알려져 있지 않다. 검찰수사관의 채용절차와 수행 업무, 국가공무원으로서의 승진과 보수체계, 업무수행을 통한 긍지와 자부심의 원천, 미래의 비전을 저자의 오랜 근무경험을 바탕으로 솔직하고 담백하게 담아냈다. 미래의 직업으로 검찰수사관을 희망하는 사람은 물론 현직도 선배의 발자취를 통하여 미래를 설계하는데 큰 도움이 되는 역작이다.

김후곤 　대구지방검찰청 검사장

　'검찰의 미래는 검찰수사관의 능동적 역할에 달려있다.'고 늘 말하곤 한다. 검찰 구성원 대다수를 차지하는 검찰수사관은 수사 뿐 아니라 공판, 집행 등 다양한 업무를 담당하며, 검찰의 중추적 역할을 수행한다. 저자는 다양한 경험을 통해 검찰업무 전반에 대한 전문성, 성실성을 인정받는 분이다. 검찰수사관이 되고자 하는 사람은 이 책을 통해, 자신의 미래, 검찰의 미래, 형사사법의 미래를 밝히는 길을 찾기 바란다.

신자용 서울고등검찰청 송무부장검사

  이 책은 저자가 20년 이상 다양한 검찰 업무를 담당하며 현장에서 직접 배우고 익힌 검찰수사관의 사무와 실생활에 대한 높은 식견이 생생하고도 쉽게 풀이되어 있습니다. 일반 시민들께는 검찰청의 실상을 이해하는데 큰 도움이 되고, 검찰수사관을 꿈꾸며 공부하고 있는 수험생과 학생들에게는 미래에 대한 좋은 길라잡이가 될 것으로 생각됩니다.

정연헌 서울고등검찰청 검사

  이 책을 읽고 초임검사 또는 초임부장 시절에 이러한 책이 있었더라면 하는 아쉬움이 남았다. 이 책은 저자의 현장경험과 경륜을 바탕으로 검찰수사관의 세계를 소개하고, 전·현직 각 직급 수사관들의 인터뷰로 생명력을 더한다. 검찰직 수험생, 초임 검찰수사관, 직업탐색을 바라는 학생, 형사사법절차에 대한 상식이 필요한 일반인뿐만 아니라 검사에게도 한 번 읽어 볼 것을 권유하고 싶다.

추천의 글

이형봉 서울중앙지방검찰청 집행1과장

  손자병법은 '상대를 알고 나를 알면 백번 싸워도 위태롭지 않다.(知彼知己 白戰不殆)'라고 하였다. 검찰수사관에 대한 궁금증을 명료하고 알기 쉽게 풀이하고 있을 뿐만 아니라 검찰사무·수사·형사절차에 관한 각종 법령, 통계자료, 사례 등을 체계적이고 일목요연하게 정리한 이 한 권의 책이 검찰수사관이나 검찰을 알고 싶어 하는 독자께 지피(知彼)하게 하는 만족스러운 답을 줄 것이다.

서지정 서울중앙지방검찰청 검찰수사관

  검찰에 입사한 지 벌써 5년이라는 세월이 쏜살같이 지나고 있습니다. 이 책을 읽고 나니 처음 업무를 배정받아 하나하나 낯설기만 해 불안의 삼중야(三重夜)가 일상이었던 초임 때가 생각이 납니다. 아! 그때 '검찰수사관은 무슨 일을 하나요?'가 있었다면 불안하기만 했던 그 시절 저에게, 정말로 유익한 교본(敎本)이 되었을 것이라는 아쉬움이 짙어집니다.

  일목요연(一目瞭然)하고, 명약관화(明若觀火)하게 정제된 필자의 저서가 검찰에 관심이 있는 이들뿐만 아니라 검찰구성원 모두에게 의미 있는 선물이 되었으면 합니다.

김서윤　　**수원지방검찰청 검찰수사관**

　　이렇게 쉽고 편하게 읽히는 책이라니, 검찰청이 한눈에 그려져 놀라울 따름이다. 이 책은 직원들의 흥미로운 실무 인터뷰와 실제 회사의 이야기로 구성되어 있어, 시험을 준비하고 있는 예비 수사관뿐만 아니라 현직에 있는 분들에게도 적극 추천한다. 검찰청에 대해 내심 궁금했던 모든 것을 이 책이 알려줄 것이다. 신입수사관 시절 저자와 함께 했던 추억과 열정이 떠올랐다. 소중한 책을 선물해주신 저자께 감사함과 존경을 표한다.

머리말

　검찰청에는 검사, 검찰수사관, 실무관, 행정관 등 1만 명이 넘는 다양한 직군의 구성원이 있습니다. 그 중 약 6천 명의 검찰수사관은 수사, 공판, 형 집행으로 이어지는 형사절차 전반에서 중요한 역할을 담당하고 있습니다.

　그렇지만 사람들은 검찰수사관이 어떤 일을 하는지 잘 알지 못합니다. 심지어 제 주위 분들조차도 마찬가지여서 아쉬웠습니다. 20년 이상 검찰에서 근무한 저로서는 검찰수사관에 대해 세상에 알리는 것도 나름 보람된 일이라고 생각하게 되었습니다.

　이 책은 검찰수사관이 무슨 일을 하는지 일반인이 쉽게 이해할 수 있도록 구성하였습니다. 앞장에서는, 전반적인 형사절차 개요, 검찰수사관 법적지위와 역할, 검찰수사관의 특성과 검찰 조직문화 등을 다루었습니다. 이는 형사절차의 큰 틀에서 검찰수사관을 조망하는데 도움이 됩니다. 뒷장에서는, 임용부터 퇴직까지의 승진, 인사, 복지 등 검찰수사관으로 살아가는 전체 과정과 사무국과 검사실의 업무를 담았습니다. 또한, 검찰수사관의 미래를 나름대로 살펴보았고, 초임수사관 등 사회 초년생에게 도움이 되는 역량 키우기 방법을 기술하였습니다.

책자에는 현직 검찰수사관 16명과 전직 대검찰청 사무국장의 인터뷰를 실었습니다. 인터뷰 대상자는 수사부서와 검찰행정부서는 물론 전 직급에 걸쳐 있습니다. 많은 사람의 인터뷰를 담은 것은 두 가지 이유 때문입니다. 첫째, 검찰수사관에 대한 따끈따끈하고 살아있는 정보를 전달하기에 인터뷰가 제격입니다. 둘째, 필자의 혹시 모르는 주관적 서술을 보완하기 위함입니다. 인터뷰를 읽다보면 검찰수사관의 희로애락, 에피소드, 사명감, 경륜과 노하우를 만날 수 있습니다.

검찰수사관을 희망하는 수험생, 검찰청에 갓 입사한 초임 수사관, 직업탐구를 원하는 중·고등학생, 그 밖에 검찰수사관에 관심 있는 모든 분이 이 책을 통해 유익한 정보를 얻고, 검찰수사관을 이해하는데 도움이 되기를 바랍니다.

이 책이 나오기까지 많은 분들이 도와 주셨습니다. 인터뷰에 응한 17명의 고마운 분들, 책 내용을 꼼꼼히 검토해 준 현직 검찰수사관인 서도정님, 신무경님, 정민승님, 다올 출판사 황성석 대표에게 감사의 말씀을 드립니다. 또한, 표와 그래프를 그려주며 교정을 봐준 딸, 책자 발간에 다양한 아이디어와 피드백을 제시해 준 아들, 무엇보다도 제가 힘들 때 격려와 응원으로 힘을 실어주고 지원해준 아내에게 고마움을 전합니다.

감사합니다.
2021년 11월 저자 드림

목 차

제 1 장
형사절차와 검찰수사관

1. 형사절차 개요   4
2. 수사 ① : 연간 수사 대상자   9
3. 수사 ② : 형사사건 사건별 비중   11
4. 수사 ③ : 수사주체(권한)   13
5. 수사 ④ : 수사개시(인지)   16
6. 수사 ⑤ : 수사개시(고소·고발)   18
7. 수사 ⑥ : 수사진행(임의수사)   20
8. 수사 ⑦ : 수사진행(강제수사)   22
9. 수사 ⑧ : 수사종결   24
10. 공판 : 공판진행   27
11. 형 집행 ①   31
12. 형 집행 ②   33

제 2 장
검찰수사관 들여다보기

1. 검찰청 조직   38
2. 검찰청 구성원 ①   42
3. 검찰청 구성원 ②   44
4. 검찰청 구성원 ③   46
5. 검찰수사관 정의   48
6. 검찰수사관 법적지위 ①   51
7. 검찰수사관 법적지위 ②   53

검찰수사관은 무슨일을 하나요?

Contents

8. 검찰수사관 법적지위 ③ 55
9. 검찰수사관 특성 ① 57
10. 검찰수사관 특성 ② 59
11. 검찰수사관 특성 ③ 61
12. 검찰 조직문화 ① 63
13. 검찰 조직문화 ② 66

제 3 장
검찰수사관으로 살아가기

1. 검찰수사관이 되려면? 70
2. 7급 공채시험 75
3. 9급 공채시험 82
4. 시험 합격 후 임용 前 절차 89
5. 첫 발령 91
6. 첫 발령 이후 인사이동 93
7. 9급~8급 근무부서 94
8. 7급~6급 근무부서 103
9. 5급 근무부서 110
10. 4급 근무부서 117
11. 3급 및 고위공무원단 나급 근무부서 122
12. 고위공무원단 가급 근무부서 127
13. 승진과 인사이동 133
14. 복무와 보수 135
15. 직무교육과 직무기술서 138
16. 상황실 근무와 사무 감사 140
17. 복지 142

목차 ix

목 차

제 4 장
사무국과 검찰수사관

1. 사무국 구성	146
2. 총무과 ①	148
3. 총무과 ②	150
4. 사건과 ①	155
5. 사건과 ②	160
6. 집행과 ①	162
7. 집행과 ②	168
8. 집행과 ③	171
9. 수사과 ①	174
10. 수사과 ②	176
11. 조사과	178

제 5 장
검사실과 검찰수사관

1. 검사실 구성	186
2. 검사실 구성원 관계	188
3. 검사실 구성원의 역할 ①	189
4. 검사실 구성원의 역할 ②	191
5. 검사실 수사관 업무 ①	193
6. 검사실 수사관 업무 ②	200
7. 검사실 수사관 업무 ③	202
8. 검사직무대리 ①	207
9. 검사직무대리 ②	209

Contents

제 6 장
검찰수사관 미래

1. 검찰수사관 미래   218
2. 검찰수사관 전문화   220
3. 인력·조직 운용 효율화   223
4. 형 집행 전문화 및 제도개선   225
5. 검·경 수사권조정   228
6. 공수처 설치   232

제 7 장
역량 키우기

1. 역량 키우기 ①   236
2. 역량 키우기 ②   238
3. 직무역량 키우기 ①   240
4. 직무역량 키우기 ②   244
5. 직무역량 키우기 ③   246
6. 직무역량 키우기 ④   254
7. 직무역량 키우기 ⑤   256
8. 직무역량 키우기 ⑥   260
9. 관계역량 키우기 ①   263
10. 관계역량 키우기 ②   267

형사절차와 검찰수사관

형사절차는 수사, 공판, 형 집행의 단계로 진행된다.
연간 수사대상자는 약 240만 명에 이를 정도로 많다.
검찰수사관은 형사절차 전체 과정에 관여하여 중요한 역할을
수행하고 있다.

제1장 형사절차와 검찰수사관

1. 형사절차 개요
2. 수사 ① : 연간 수사 대상자
3. 수사 ② : 형사사건 사건별 비중
4. 수사 ③ : 수사주체(권한)
5. 수사 ④ : 수사개시(인지)
6. 수사 ⑤ : 수사개시(고소·고발)
7. 수사 ⑥ : 수사진행(임의수사)
8. 수사 ⑦ : 수사진행(강제수사)
9. 수사 ⑧ : 수사종결
10. 공판 : 공판진행
11. 형 집행 ①
12. 형 집행 ②

01

형사절차 개요

> ○ 형사절차는 수사→공판→형 집행의 단계로 진행
> ○ 수사는 범죄혐의가 있는 범인에 대해 증거를 찾아 범죄사실을 밝혀내는 과정
> ○ 공판은 법원에서 검사와 피고인이 유죄·무죄를 다투는 과정
> ○ 형 집행은 재판이 확정된 피고인에 대해 신체형, 재산형 등을 집행하는 것

 통상 형사절차는 수사→공판→형 집행의 단계로 진행된다. 형사절차의 시작은 수사에서 출발한다. 수사란 무엇일까? 두산백과사전에는 '범죄가 발생하였거나 발생된 것으로 생각되는 경우에 범죄혐의 유무를 밝혀 공소(公訴)의 제기와 유지 여부를 결정하기 위하여 범인과 증거를 찾고 수집하는 수사기관의 활동'이라고 정의한다.

 형사소송법 제196조에는 '검사는 범죄혐의가 있다고 사료하는 때에는 범인, 범죄사실과 증거를 수사한다.'고 규정하고 있고,

검찰수사관의 범죄수사 등에 관한 집무규칙 제2조 제1항은 '… 검찰수사관은 검사의 지휘를 받아 범인, 범죄사실과 증거를 수사한다.'고 규정하고 있다. 이처럼 수사는 범죄혐의가 있는 범인에 대해 증거를 찾아 범죄사실을 밝혀내는 과정이라고 할 수 있다.

공판은 공소가 제기되어 판결 등이 선고 될 때까지 재판이 진행되는 과정을 말한다. 검사가 피의자에 대해 공소제기하면 형사재판이 시작되고, 검사와 피고인(변호인)이 법정에서 공소사실에 대해 다투는 공판절차가 진행되며, 공판의 주재자인 법원이 유죄·무죄 등을 선고한다.

형 집행은 형사재판이 종료되어 피고인에게 형벌 등을 선고하는 판결이 확정된 경우에 그 판결대로 형벌 등을 집행하는 절차를 말한다. 사형의 경우에는 사형집행, 징역형의 경우에는 교도소 등에서 징역형 집행, 재산형의 경우에는 노역장 유치 집행 또는 벌금 징수 등이 이에 해당된다.

〈참고 : 형사절차 가상 사례〉

◎ 수사→공판→형 집행 진행과정 예시

① 2020년 1월 A는 B를 C검찰청에 사기죄로 고소했다. C검찰청 사건과는 고소장을 접수하고 차장검사의 배당 등 내부절차를 거쳐 D검사가 주임검사가 되었다. D검사는 C검찰청 조사과에 사건을 수사지휘 했다. 조사과장은 고소장을 검토한 후 E사무관을 주임수사관으로 지정했다.

〈수사단계 : 고소장 접수로 수사가 개시(입건)되고, B는 통상 피의자 신분이 됨〉

② 2020년 1월 E사무관은 조사를 시작하여 고소인 A에 대한 참고인진술조서를 작성했다. 고소요지는 'B가 2019년 6월경 A에게 사업자금이 급히 필요하니 2억 원을 빌려 달라. 그러면 2개월 후에 이자를 붙여 갚아 준다고 하였으나 아직까지 갚지 않았다. 나중에 확인해 보니 B는 그 당시 돈을 빌리더라도 갚을 능력이 없었다.'는 취지였다.

〈수사단계 : 고소인 A에 대한 참고인진술조서 작성 등 임의수사 진행〉

③ 2020년 3월 E사무관은 수회 출석요구 끝에 간신히 B를 소환하여 조사했고, 이후 A와 대질조사도 병행했다. 조사를 해보니 돈을 빌릴 당시 B는 하던 사업이 부도 위기에 처할 정도로 자금사정이 좋지 않았고, 여러 곳에서 돈을 빌려 돌려막기를 하는 수준이었다.

〈수사단계 : 피의자 B에 대한 피의자신문조서 작성 등 임의수사 진행〉

④ 2020년 5월 E사무관은 B에 대해 사전구속영장을 신청했다. 피의사실이 인정되고, 계좌추적 등 자금흐름을 수사한 결과 사안이 중대하고, 도망 및 증거인멸 염려가 있다고 판단했기 때문이다. D검사는 기록을 살펴본 후 법원에 B에 대한 사전구속영장을 청구했다. 법원은 B를 상대로 구속 전 피의자심문(영장실질심사)을 거쳐 영장을 기각했다.
〈수사단계 : B에 대한 금융계좌추적, 사전구속영장 청구 등 강제수사 진행〉

⑤ 2020년 6월 C검찰청 조사과는 수사지휘 검사인 D검사에게 B에 대한 사건을 송치, 이후 D검사는 B에 대한 보완수사를 완료했다.
〈수사단계 : 검찰수사관은 사법경찰관으로서 수사가 완료되면 검사에게 사건을 송치해야 함. 수사가 종결되면 검사는 공소제기, 불기소처분, 이송 등을 결정해야 함〉

⑥ 2020년 7월 D검사는 B를 사기죄로 법원에 공소제기를 했다.
〈공판단계 : 검사가 공소를 제기하면 공판절차 개시〉

⑦ 2020년 9월 C검찰청 공판부 F검사는 이 사건을 배당받아 공판절차에 관여했다. 2021년 5월 F검사는 B에게 징역 3년을 구형했다.
〈공판단계 : 검사와 피고인은 각각 법정에서 유죄·무죄를 주장하고 증인, 증거관계를 다투며 공판진행〉

⑧ 2021년 6월 법원은 B에게 징역 2년을 선고했다. 하지만, B는 사업부도로 인해 도망을 다니는 신세여서 공판정에 불출석했다. B의 징역 2년 선고는 항소기간을 도과하여 확정되었다.
〈공판단계 : 판결 선고 후 7일 이내에 당사자(검사, 피고인)가 상소제기를 하지 않으면 판결은 확정〉

⑨ 2021년 7월 C검찰청 집행과 자유형집행팀 G수사관은 이 사건을 맡게 되어, 다양한 집행기법을 활용하여 8월 자유형미집행자 B를 검거했다.
〈형 집행단계 : 검찰청은 자유형미집행자 검거를 위해 자유형집행팀 운영 중. 검거전담팀은 검거기법, 노하우 축적 및 전문화로 형 집행률 성과 창출 중〉

⑩ 2021년 8월 G수사관은 검사의 집행지휘를 받아 B를 H교도소로 인계했다.
〈형 집행단계 : 형 미집행자를 교도소로 집행할 경우에 검사의 형 집행지휘 필요. 그 이유는 미집행자의 인권보장을 위해 검사가 다시 한 번 인신구속을 검토함〉

수사 ① : 연간 수사 대상자

○ 2020년 우리나라 형사사건 접수인원(수사 대상자)은 약 240만 명
- 고소·고발, 112신고, 교통사고, 첩보 입수, 음주운전 단속, 특사경 단속 등 다양
○ 경찰, 검찰, 법원, 교정기관(교도소)은 형사절차에 관여하는 주요 기관

우리나라의 연간 형사사건은 얼마나 될까? 2020년 형사사건 접수인원은 약 240만 명[1]이다. 우리나라 인구가 약 5,200만 명인 점을 감안하면 4%가 넘는 사람들이 수사를 받았다. 대구광역시 인구(242만 명)와 비슷하고, 충청남도 인구(212만 명)보다도 많다.[2]

240만 명에 대한 수사는 어떻게 시작되었을까? 수사를 시작하게 된 사유는 다양하며, 아래는 대표적인 사례이다.

---

1) e-나라지표 참고(www.index.go.kr)
2) 2020 KOSIS, 행정안전부 주민등록 인구현황

검찰수사관은 무슨일을 하나요? •••

〈형사사건 접수 유형〉

구 분	내 용
고소·고발	피해자 고소, 행정기관·사회단체 고발 등
교통사고 및 음주운전	교통사고로 인한 사고 접수, 음주단속 등
112신고	행인들간의 싸움에 대한 112신고 접수 등
범죄첩보	고위공직자 뇌물수수, 보이스피싱, 마약첩보 등
특사경 단속	지자체의 원산지표시 위반, 방역수칙 위반 등

참고로, 특별사법경찰관리 제도가 있다.

특별사법경찰은 원산지 허위표시 단속, 환경오염 배출 단속, 근로기준법 위반 등 전문성이 필요한 영역의 수사를 위해 행정공무원에게 수사권을 부여한 제도이다. 소속기관장의 제청과 지방검찰청 검사장의 지명으로 임명되며, 해당 수사에 관해서는 영장신청 등 모든 권한이 있다. 특사경은 관할 검찰청 검사의 지휘를 받는다.

형사절차에 관여하는 기관은 크게 경찰, 검찰, 법원, 교정기관이 있다. 경찰은 주로 수사에, 검찰은 수사, 공판, 형 집행에 관여한다. 법원은 공판, 교정기관은 형 집행을 주로 담당한다. 이외에도 보호관찰소 등이 있다.

수사 ② : 형사사건 사건별 비중

> ○ 2020년 수사 대상자(형사 입건자) 240만 명 분석
> - 고소사건 64만 명, 교통사범 42만 명, 폭력사범 33만 명, 고발사건 11만 명, 경제사범 10만 명, 소년사범 7만 명 순서임

240만 명의 수사대상자 중 가장 큰 비중을 차지하는 것은 고소사건으로 약 64만 명이다.[3] 고소사건은 보통 사기·횡령·배임 등 재산범죄가 많고, 요즘은 SNS를 많이 사용하다보니 명예훼손, 모욕죄 등 범죄도 늘고 있다.

두 번째는 교통사범 약 42만 명인데, 유형별로 보면 음주운전, 무면허운전, 교통사고, 도주차량, 도로법위반, 자동차관리법위반 등이 이에 해당한다.

세 번째는 폭력사범으로 약 33만 명이 수사대상이 되었다. 상해, 폭행, 체포, 감금, 협박죄 등이 이에 해당한다. 네 번째는 고발사건으로 약 11만 명이다. 고발이란 범인 또는 피해자 이외의 제3자가 수사기관에 신고하여 범인을 처벌해 달라는 의사 표시를 하는 것을 말한다.

---

[3] e-나라지표(www.index.go.kr)부처별→검찰청에서 발췌하였다.

검찰수사관은 무슨일을 하나요?

다섯 번째는 경제사범으로 약 10만 명 정도 된다. 부정수표단속법위반, 여신전문금융업법위반, 조세범처벌법위반 같은 죄가 이에 해당된다. 19세 미만의 소년사범도 약 7만 명이 수사를 받았다.

〈2020년 전체사건 접수 중 사건별 현황〉

구분	인원(만 명)	비율(%)
전체사건	240	100
고소사건	64	26.7
교통사범	42	17.4
폭력사범	33	13.8
고발사건	11	4.6
경제사범	10	4.2
소년사범	7	2.9
기타	73	30.4

※ 출처 : e-나라지표

수사 ③ : 수사주체(권한)

> ○ 수사를 할 수 있는 수사주체(수사 권한)는 검사와 사법경찰관
> ○ 사법경찰관은 ① 검찰수사관, ② 경찰, ③ 특별사법경찰

수사는 누구나 할 수 있을까? 절대로 아니다. 형사절차의 기본법인 형사소송법은 수사의 주체를 ① 검사, ② 사법경찰관으로 명확하게 규정하고 있다.[4] 검사와 사법경찰관이 아니면 수사를 할 수 없다는 의미이다.

왜 수사의 주체를 제한할까? 수사는 국민의 휴대폰 내용을 들여다 볼 수 있고, 주거지에 들어가 압수·수색을 할 수 있으며, 사람을 체포 할 수 있다. 이와 같이 수사는 국민의 기본권을 제한하거나 침해 할 수 있기에 수사를 할 수 있는 주체를 법률로 엄격하게 제한한다.

검사 이외의 또 다른 수사 주체인 사법경찰관은 ① 검찰수사관, ② 경찰, ③ 특별사법경찰관이다. '형사소송법', '검찰청법', '사법경찰관리의 직무를 수행할 자와 그 직무범위에 관한 법률' 등에서 그 근거를 규정하고 있다.

---

[4] 형소법 제196조, 제197조, 제245조의9, 제245조의10 등에서 수사의 주체를 규정하고 있다.

검찰수사관은 무슨일을 하나요?

 사법경찰관리는 직급에 따라 사법경찰관과 사법경찰리로 구분하는데, 사법경찰리는 사법경찰관의 수사를 보조한다. 산림, 해사, 군수사기관 등 특수한 분야에도 특별사법경찰관이 지정되어 수사를 담당하고 있다.

〈사법경찰관리〉

구분	사법경찰관	사법경찰리
검찰수사관	4급~7급	8급~9급
경찰	경무관, 총경, 경정, 경감, 경위	경사, 경장, 순경
특별사법경찰	4급~7급	8급~9급

〈언론에 비친 형사판례〉

◎ 편의점 주인이 손님을 절도범으로 오인하여 옷과 가방을 수색한 경우

▶ 사실관계
- 평소 도난이 잦았던 편의점 주인 A는 손님 B가 물건을 훔쳐 가는 것으로 오인하여, "어이, 가글 두고가!"라고 하면서 손님 B의 외투 주머니와 메고 있던 가방을 뒤졌다.
- 이에 도둑으로 몰려 기분이 상한 B와 A는 서로 언쟁과 실랑이를 하였고, 신고를 받고 경찰이 출동하였다.

▶ 수사 및 판결결과
- 경찰은 A와 B의 진술청취, 실랑이 과정이 담긴 CCTV 확보 등 사실관계와 증거관계 조사 후 A를 기소의견으로 검찰에 송치 하였다.
- 검찰은 보완수사 후 A를 신체수색죄로 기소 하였다.
- 법원은 A에게 징역 4월, 집행유예 1년을 선고(1심 판결) 하였다.
※ 관련 법조 : 형법 제321조(주거·신체수색) 사람의 신체, 주거, ~ 수색한 자는 3년 이하의 징역에 처한다.

▶ 참고사항
- 함부로 타인의 신체나 주거를 수색하는 것은 불법이다.
- 타인의 주거에 들어가거나 타인의 신체를 수색할 수 있는 권한은 검사와 사법경찰관이며 그것도 수사목적으로 적법한 영장제시 등 제한된 상황에서만 가능하다.
- 경찰이 시민의 신체를 수색할 수 있는 경우는 '형사소송법' 등 관련 법령에 일정한 기준을 두고 있다.

※ 출처 : 2021. 3. 13.자 네이버 뉴스 중 KBS 뉴스 참조

05 수사 ④ : 수사개시(인지)

> ○ 수사개시의 한 종류로 인지에 의한 수사개시
> - 인지는 다른 말로 입건, 입건이 되면 피의자로 전환됨

수사가 개시되는 대표적인 경우로 인지와 고소·고발이 있다. 인지는 수사기관이 자체 첩보 등으로 수사를 시작하는 것이고, 고소·고발은 고소장·고발장 접수로 수사가 시작된다. 인지에 의한 수사개시의 예를 살펴본다.

> (예제 1)[5]
> A는 식당을 운영한다. A는 손님 B(17세), C(18세)에게 음식과 함께 소주 2병을 판매했다. A는 주류를 판매할 때 B와 C의 신분증 검사를 하지 않았다. 누군가 A가 미성년자에게 술을 판매하였다고 경찰에 112로 신고하였고, 경찰이 출동해서 조사를 했다.

누구든지 청소년에게 주류를 판매할 수 없고, 만 19세 미만의 청소년에게 주류를 판매한 사람은 형사처벌을 받는다(청소년보호법).

(예제 1)에서 현장에 출동한 경찰은 B와 C의 미성년자 여부,

---

[5] 검찰도 자체첩보 등으로 중요사건을 인지하여 수사를 개시하고 있으나 이해의 편의를 위하여 경찰의 인지수사를 예로 들었다.

B와 C가 소주를 마셨는지 여부 등을 조사한다. 그 다음 경찰은 A를 상대로 B와 C에게 소주를 판매할 때 신분증검사를 했는지 여부, 소주를 판매하게 된 경위 등을 조사한다.

또한, 증거확보를 위해 술을 마신 테이블의 소주병 등을 촬영하고, 주변 목격자 진술, B, C가 식당에 들어올 때의 상황 등이 녹화된 CCTV 등을 탐색한다. 출동경찰은 위와 같은 현장조사를 토대로 범죄혐의가 있다고 판단하면 범죄인지서를 작성한다. 이후 범죄인지서, 관련기록을 경찰서로 인계한다.

경찰서 담당부서는 A에 대한 사건번호 부여, 전산입력을 한다. '인지'에 의해 수사가 개시되는 사례이다. 통상적으로 A는 입건이 되었다고 하고, 이때부터 A는 피의자 신분이 된다.

참고로, 예제 1의 제보자 112신고 전화는 통상 수사기관의 자체 첩보입수로 분류한다.

06

수사 ⑤ : 수사개시(고소·고발)

> ○ 수사는 고소·고발에 의해서도 개시
> - 수사기관에 고소장이 접수되면 피고소인은 입건되고, 피의자로 전환됨(다만, 각하 사유일 경우 예외).

    범죄피해자 또는 제3자는 누구나 수사기관에 고소·고발을 할 수 있다. 고소·고발은 범죄피해자 등이 범죄사실을 특정하여 수사기관에 범인의 처벌을 구하는 의사표시이고, 특별한 양식이 있는 것은 아니다.

> (예제 2)
> A는 2019년 1월 자신의 SNS에 "B는 사기꾼, 인성 쓰레기, 절대 함께 어울릴 수 없는 인간"과 같은 글을 올렸다. 나중에 이를 알게 된 B는 그 글을 지우고 사과하라고 요구하였으나 A는 거부하였다. B는 2019년 2월 A의 글을 캡처한 다음 C검찰청에 A를 모욕죄 등으로 고소하였다.

    (예제 2)에서 C검찰청은 고소장을 접수하여 사건번호 부여, 전산입력 등을 한 후 내부 배당절차 거쳐 주임검사를 지정한다. 주임검사는 직접 수사하거나, C검찰청 조사과에 사건을 수사지휘할 수 있다.

A는 입건이 되어 피의자로 조사를 받는다. 앞서 살펴본 (예제 1)의 인지의 경우에는 수사기관이 일정한 조사행위를 한 후 범죄혐의가 있다고 판단될 때 범죄인지서를 작성하고 입건하는 것과 차이가 있다. 그 이유는 고소·고발 그 자체로 범죄의 존재에 대한 혐의가 있다고 보기 때문에 수사기관의 일정한 조사행위 없이 수사가 개시되는 것이다.

고소·고발장을 제출했더라도 피고소인 등에게 수사개시가 되지 않는 경우가 있다. 고소인·고발인의 진술이나 고소장 등의 기재에 의하여 혐의없음, 죄가안됨, 공소권없음 사유 등에 해당하는 것이 명백한 경우가 이에 해당한다. 이런 경우에 검사는 '각하' 처분을 한다.

고소에는 책임이 따른다. 검사는 B의 고소가 무고죄에 해당되는지 판단을 하고, 실제 무고죄에 해당하는 경우에는 고소인은 무고죄로 처벌을 받게 된다.

참고로, 피의자와 피고인은 차이가 있다. 피의자는 범죄혐의로 수사기관의 수사대상으로 되어있는 사람이고, 피고인은 검사에 의해 공소가 제기된 사람이다.

07

수사 ⑥ : 수사진행(임의수사)

○ 수사가 진행되면 수사기관은 임의수사 착수
 - 사건관계인 소환·조사, 각종 사실조회 등

　수사기관은 수사의 목적달성을 위하여 필요한 조사를 할 수 있고, 어떤 수단과 방법으로 수사를 할 것인지 스스로 결정할 수 있다. 수사의 방법에는 임의수사와 강제수사가 있는데 양자의 구분은 주로 영장이 필요한지 여부이다.

　임의수사는 영장이 필요 없는 수사를 말한다. (예제 1)에서 경찰은 청소년에게 소주를 판매한 식당주인 A, 청소년인 B와 C에게 경찰서로 소환을 통보하여 조사를 할 수 있다. A를 상대로는 피의자신문조서를, B와 C를 상대로는 참고인진술조서를 작성한다. 이와 같이 사건에 관련된 사람을 소환하여 조사하는 것이 대표적인 임의수사 방법이다.

　또한, A가 B와 C에게 청소년임을 확인하지 않고 소주를 판매한 것을 목격한 D가 있다면, 경찰은 D를 소환하여 참고인진술조서를 작성할 수 있다. 실체적 진실을 발견하기 위해서는 범죄사실에 대해 아는 사람의 진술을 듣는 것이 필요하다. D가 출석하여 조사를 받을 의무는 없지만 가급적 출석해서 자신이 본 것을 사실대로 진술하는 것이 시민으로서 공동체를 위한 책무라고 할 수 있다.

임의수사의 또 다른 방법에는 각종 사실조회가 있다. 주민조회, 국민연금가입조회, 건강보험자격득실조회, 수용정보조회, 출입국조회, 자동차등록번호조회, 휴대폰가입내역조회, 주민등록등본 발급, 법인등기부등본 발급 등이 이에 해당한다. 형사소송법(제199조 제2항)은 '수사에 관하여는 공무소 기타 공사단체에 조회하여 필요한 사항의 보고를 요구할 수 있다'고 규정하여 사실조회의 근거를 두고 있다.

08

수사 ⑦ : 수사진행(강제수사)

> ○ 수사의 다른 방법으로 강제수사가 있음
> - 체포, 구속, 압수·수색 등

　수사의 다른 방법으로 강제수사가 있다. 강제수사는 법관이 발부한 영장이 필요하다. 강제수사는 기본권에 대한 중대한 침해이므로 절차가 까다롭다. 즉, 사경신청→검사청구→판사 발부의 절차를 거친다.

　예컨대, 검찰청 수사과에서 압수수색 영장을 신청하였다면, 수사과에서 필요성과 상당성 등에 대한 자체검토, 검사의 2차 검토(검사가 영장을 심사하여 필요성, 상당성 등이 없으면 기각), 판사의 3차 검토라는 절차를 넘어야 영장이 발부된다.

　사람에 대한 강제수사로는 체포영장에 의한 체포, 긴급체포, 구속 등이 있다. 체포영장에 의한 체포의 요건은 죄를 범하였다고 의심할 만한 상당한 이유가 있고 정당한 이유 없이 출석에 응하지 아니하거나 아니할 우려가 있는 경우이다. 구속영장의 경우에는 죄를 범하였다고 의심할 만한 상당한 이유가 있고, 일정한 주거가 없는 때, 증거를 인멸할 염려가 있을 때, 도망하거나 도망할 염려가 있는 때 등이다.

피의자를 체포한 때로부터 48시간 이내에 구속영장을 청구하지 아니하는 때에는 즉시 석방해야 한다. 긴급체포, 현행범체포에도 같이 적용된다.

물건에 대한 강제수사로 압수·수색·검증 등이 있다. 피의자가 범한 범죄혐의를 입증하기 위한 수단으로 주로 사용되고, 사람에 대한 강제수사와 비교하여 기본권 제한이 다소 적어 발부요건이 상대적으로 덜 엄격하다.

09 수사 ⑧ : 수사종결

> ○ 수사가 종결되면, 검사는 3가지 결정 중 하나를 해야 함
> - 공소제기(29.9%), 불기소처분(58.3%), 송치결정(11.8%)[6]

수사가 종결되면, 검사는 ① 공소제기, ② 불기소처분, ③ 송치 결정 중 한 가지를 해야 한다. 2020년 수사대상자 240만 명도 위 3가지 중 하나로 결정되었다.

첫째, 검사는 공소제기(기소)를 할 수 있다. 공소제기는 검사가 법원에 대하여 특정사건의 심판을 청구하는 것을 말한다. 공소제기는 ① 통상의 공판절차에 의한 형사사건의 심판을 청구하는 공소제기(구속기소, 불구속기소), ② 공판절차 없이 서면심리에 의해 벌금 등의 형을 청구하는 공소제기 (약식명령 청구)가 있다. 2020년 공소제기 인원은 66만 2천명(29.9%)이다.

둘째, 검사는 불기소처분을 할 수 있다. 불기소처분은 검사가 사건을 수사한 결과 재판에 회부하지 않는 것이 상당하다고 판단되는 경우에 기소를 하지 않고 사건을 종결하는 것을 말한다.

---

[6] e-나라지표 통계를 참고하였다.

검찰단계에서 사건이 종결이 되는데, 기소유예, 혐의없음, 공소권없음, 죄가안됨, 각하의 처분이 있다. 2020년 접수된 형사사건 240만 명 중 221만 5천명이 수사종결 되었고, 그 중 129만 1천명(58.3%)이 불기소처분을 받았다.

셋째, 검사는 사건을 송치결정 할 수 있다. 소년사건, 가정폭력사건, 성매매보호사건은 검찰에서 사건을 종결하거나, 공소제기하지 아니하고, 가정법원 또는 지방법원에 사건을 송치 할 수 있다.

예컨대, 경미한 가정폭력사건은 벌금을 부과하면 가정경제에 피해가 있을 수 있으므로 검사는 약식명령 청구 대신 가정법원에 사건을 송치한다. 그러면 대상자는 법원에서 벌금 대신 교육 프로그램 이수를 조건으로 다른 처분을 받을 수 있다.

검사는 다른 검찰청 또는 군검찰부에 사건을 이송할 수 있다. 예컨대, 서울 서초동에 거주하는 A피의자가 부산 해운대 해수욕장에서 죄를 범했다면, 부산지검 동부지청 검사는 A피의자의 편의를 위해 사건을 A피의자의 주거지 관할인 서울중앙지검으로 이송할 수 있다. 이를 타관송치라고 한다. 또한, 현역군인 등 군사법원의 재판권에 속하는 경우에는 사건을 군검찰로 송치한다.

〈참고 : 사건처리 유형〉[7]

1. 공소제기
- ① 공판청구(구공판) ─ 구속 / 불구속
- ② 약식명령청구(구약식)

※ 재판에 대한 불복 : 항소, 상고, 정식재판청구

2. 불기소
- ① 공소권없음(면소판결 사유, 공소기각 판결사유, 공소기각 결정사유)
- ② 죄가 안됨(위법성조각사유, 책임조각사유, 기타)
- ③ 혐의없음(구성요건해당성 없음, 증거없음, 증거불충분)
- ④ 기소유예(소추의 필요가 없는 경우, 소추요건 등 구비했으나 처벌가치 없음)
- ⑤ 각하(고소·고발장에 의해 ①, ②, ③이 명백하거나 동일사건 불기소처분이 있는 경우)
- ⑥ 기소중지(피의자 소재불명 등)
- ⑦ 참고인중지(참고인, 고소인 등 소재불명)
- ⑧ 공소보류(공소제기 보류, 국가보안법 사건 등)

※ 불기소처분에 대한 불복 : 항고, 재항고, 재정신청, 헌법소원 등

3. 송치결정
- ① 보호사건송치(소년보호사건 송치, 가정보호사건 송치, 성매매보호사건 송치)
- ② 이송(타관송치, 군검찰관송치)

---

7) 법무연수원(2010), 법학전문대학원 검찰실무교재 I (120쪽)에서 발췌하였다.

10 공판 : 공판진행

○ 검사가 공소제기를 하면 공판절차가 진행
○ 공판에서 유죄·무죄 등을 다툰 후 판결 선고

공판절차는 검사의 공소제기에 의해 진행된다. 수사절차는 검사가 주재자이지만 공판절차는 법원이 주재자이다. 공판과정에서 검사와 피고인(변호인)은 공격과 방어를 통해 유죄·무죄를 다툰다.

공판절차는[8] ① 검사 공소제기, ② 법원 공소장 부본 피고인(변호인) 송달, ③ 피고인(변호인) 의견서 제출(공소장부본 송달받은 날로부터 7일 이내), ④ 공판기일 개정의 순서로 진행된다.

공판기일의 절차는 ① 모두절차(공판기일의 최초에 행하는 절차), ② 증거조사(증인신문, 증거서류와 증거물 조사, 감정인 신문 등), ③ 피고인 신문, ④ 검사 의견진술(검사는 사실과 법률적용에 대해 의견진술, 특히 양형에 관한 의견을 구형이라고 함), ⑤ 피고인측 최종변론(재판장은 피고인과 변호인에게 최종의 의견을 진술할 기회를 주어야 함), ⑥ 판결의 선고 순서로 진행된다.

---

[8] 공판절차 및 공판기일 절차는 대검찰청 홈페이지 검찰활동→공판에서 발췌하였다.

공판절차 및 공판기일 절차는 어찌 보면 단순해 보인다. 하지만 수사기관이 수사과정에서 온갖 노력을 기울이는 행위(피의자 조사, 구속, 압수수색 등)는 모두 공판절차에서 피고인의 유죄를 입증하기 위한 활동이다. 수사의 종착점은 공판절차이다. 수사절차에서 수집한 증거 등을 공판절차에서 제대로 활용하지 못하면 수사활동은 헛고생인 것이다.

2020년 공소제기 인원 66만 명 중 ① 공판청구 인원은 20.7만 명(29.6%), ② 약식명령청구 인원은 45.3만 명(70.4%)이다. 공판청구 인원 중 구속되어 재판에 넘겨진 인원(구속기소)은 2.7만 명, 불구속으로 재판에 넘겨진 인원(불구속기소)은 18만 명이다.

〈참고 : 형사절차와 민사절차의 구분〉[9]

▶ 민사절차와의 구분 : 당사자, 증명책임, 국가 개입여부

(예제)

A는 길을 가다가 B와 눈빛이 마주쳤다. 이에 '왜 째려보냐'며 언쟁하다 시비가 되었다. 이에 A는 B의 얼굴과 가슴을 수회 때려 B에게 약 3주간의 치료를 요하는 '안면부 타박상' 등의 상해를 가했다.

---

9) 김해마루(2019), 법학입문 형사법1 (2~3쪽)을 참고하여 구성하였다.

(예제) 사례가 민사와 형사절차로 진행 된 경우에 당사자, 증명책임, 국가개입에 차이가 있다.

먼저, (예제) 사례가 민사절차로 진행된다면, 피해자 B가 원고가 되어 가해자 A를 상대로 불법행위로 인한 손해배상청구 소송을 제기해야 한다. 당사자는 A와 B이고, 각자의 주장사실에 대한 증명책임은 각자가 부담해야 하고, 이 다툼에 국가는 개입하지 않는다.

예컨대, B가 A의 상해로 입은 치료비, 위자료 등을 주장한다면 소송과정에서 이를 입증해야 한다. 또한, A가 B의 주장사실을 부인하면서 "나는 B의 뺨을 1회 때린 것이 전부인데 3주의 상해가 발생했다는 것을 인정할 수 없다"고 주장한다면 A가 이를 증명해야 한다.

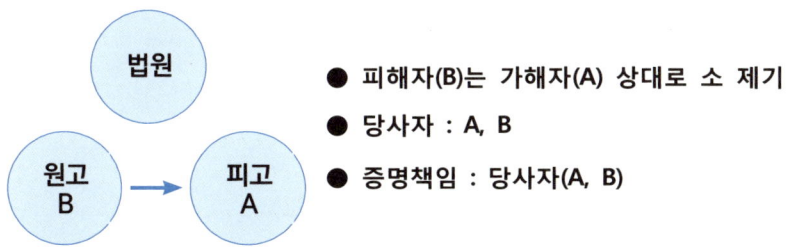

둘째, (예제) 사례가 형사절차로 진행된다면, 당사자는 검사와 가해자 A이고, 피해자 B는 당사자가 아니다.

검사가 왜 당사자가 되는 것일까? 형사소송법 제246조는 '공소는 검사가 제기하여 수행한다.'고 규정하고 있기 때문이다. 이를 국가소추주의라고 한다. 또한, 검사가 A를 상해죄로 기소하였다면 이에 대한 증명책임 역시 검사에게 있다.

따라서 수사기관은 수사단계에서 A와 B 또는 싸움을 목격한 목격자를 소환하여 조사할 수 있고, B에게 상해진단서를 발급해 준 병원을 상대로 상해정도, 치료행위 여부, 치료경과 등을 조사할 수 있다. 이처럼 형사절차는 민사절차와 달리 국가가 개입한다. 실체적 진실발견과 국가형벌권의 실현을 위해 필요하기 때문이다.

- 검사는 피고인(A) 상대로 공소 제기
- 당사자 : 검사, 피고인(A)
  ※ 국가소추주의 : 공소는 검사가 제기 (형소법 246조)
  ※ 피해자 B는 당사자가 아님
- 증명책임 : 검사

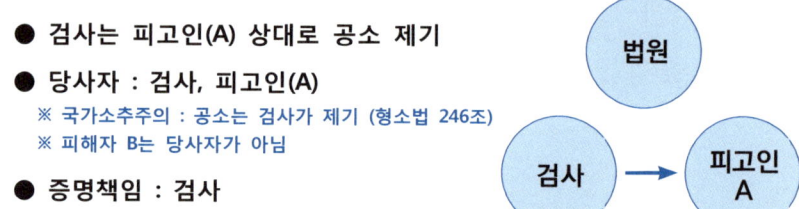

〈민사·형사절차 비교〉

구분	당사자	증명책임	국가개입
민사절차	가해자(A), 피해자(B)	각자 부담	없음
형사절차	검사, 가해자(A)	검사	있음

11 형 집행 ①

> ○ 판결이 확정된 후 형 집행 과정
> - 사형집행, 자유형집행, 재산형집행

공판이 종료되면, 판사는 유죄·무죄 등 판결을 선고하고, 선고 후 일정 기간이 지나면 형이 확정된다. 확정된 형의 집행방법은 ① 사형, ② 자유형, ③ 재산형 집행의 3가지이다.

우리나라는 1997년 12월 30일 사형수 23명에 대해 마지막으로 사형집행을 하였다고 한다.[10]. 그 이후에 사형집행은 이루어지지 않고 있다. 사형집행은 법무부장관의 명령이 필요하다(형사소송법 제463조). 사형집행의 방법은 교수형이고, 사형집행에는 검사와 검찰수사관 등이 참여하도록 규정하고 있다(형법 제66조, 형사소송법 제467조).

자유형에는 징역과 금고가 있는데, 둘은 모두 신체의 자유를 박탈하여 교도소에 수감이 된다. 하지만 징역은 수감 후 강제로 노역을 시킬 수 있고, 금고는 강제로 노역을 과하지 않는 점이 다르다.

예컨대, 피고인이 징역 2년의 징역형이 확정되었다면 그

---

10) 동아일보(2017. 12. 26), '마지막 사형집행 20년' 기사를 참고하였다.

기간만큼 교도소에 수감이 된다(형법 제68조). 그런데 징역형(금고형)이 확정되었음에도 교도소에 수감이 되지 않는 경우가 발생한다. 피고인이 법정에 출정하지 않은 상태에서 피고인의 출석 없이 재판이 진행되어 재판이 확정되거나 집행유예가 취소되는 경우가 있다. 이를 자유형 미집행자라고 하는데, 검찰수사관은 자유형 미집행자를 검거하여 교도소에 인계한다.

재산형집행은 벌금, 추징금 등을 집행하는 것이다. 재산형집행은 대상자가 벌금 등을 납부하면 형 집행이 완료 된다. 벌금을 납부하지 않는 경우에는 교도소 노역장에 유치되어 벌금액만큼 노역을 한다. 요즘은 벌금납부 방법이 다양해져서 분할납부하거나, 사회봉사로 대체하거나 신용카드로 납부할 수 있다.

12 형 집행 ②

> ○ 수사는 정의의 시작이고, 집행은 정의의 완성이다.

형 집행은 국가형벌권을 종국적으로 실현하는 절차로서, 수사, 공판과 더불어 검찰에 부과된 3대 과제 중 하나이다. 또한, 형 집행은 적법절차에 따라 엄정하게 수행함으로써 정의를 확립하는 과정이기도 하다. 검찰은 형 집행률 향상을 위해 부단한 노력을 하고 있다.

자유형집행 중 검찰에서 검거해야 하는 자유형 미집행자는 연간 약 4천 명 정도가 발생되고, 그 중 3천 명 가량을 검거하고 있다. 자유형 미집행자 집행률은 70% 수준인데, 이는 검거 가능한 미집행자는 거의 다 검거하고 있다고 보면 된다. 왜냐하면, 미집행자 중 상당수는 형이 확정되기 전에 해외로 도피한 사례이다. 각 검찰청은 '미집행자 검거 전담팀'을 운영하면서 검거율 향상에 노력하고 있다.

재산형 집행은 연간 약 100만 건(유치 중인 건, 미집행 건, 추징금, 과태료 등이 포함됨) 중 80만 건을 집행하고, 약 30조 원 중 4~5조 원을 집행하고 있다. 건수 기준으로 약 80%, 금액 기준으로 15% 수준이다.

금액기준으로 15% 수준이라고 하니 의아해할 것이다. 그 이유는 추징금 때문이다. 첫째, 추징금은 강제집행 대상 재산이 존재하지 않는 경우가 많다. 일종의 '부실채권'과 유사하다. 장부상으로는 미납으로 잡혀 있는데 실제 강제집행을 하려고 보면 회수할 재산이 없다. 예컨대, 고(故)김우중 전 대우그룹 회장 추징금 미납액은 약 23조 원에 달한다. 전체 재산형 집행 대상 금액의 70%를 상회한다.

둘째, 추징금은 벌금과 달리 납부를 하지 않아도 노역장 유치를 할 수 없다. 이런 문제점에 대해 추징금도 벌금처럼 환형유치를 하려는 법제화 시도가 있었으나 여러 가지 문제로 진척이 없다. 추징금 집행강화를 위한 적극적 대책이 시급한 실정이다.

죄를 지은 사람이 수사와 공판을 통해 합당한 형을 선고받으면 그 형은 당연히 집행되어야 한다. 예컨대, 벌금 300만 원이 확정된 피고인이 벌금 납부나 사회봉사 등 대체집행도 하지 아니하고 종료된다면 이는 국민 법 감정에 부합하지도 않고, 정의롭지도 못한 것이다.

'수사는 정의의 시작이고, 집행은 정의의 완성이다.'라는 말처럼 검찰은 형 집행률 향상을 위해 노력하고 있고, 그 효과도 거두고 있다.

다양한 집행기법이 축적되어 실제 활용중이고, 검거 전담 인력을 '공인 전문수사관'으로 지정하여 장기간 근무토록 하고 있다. 또한, 새로운 검거방법 개발을 유도하고, 이를 전국 청 담당자들이 서로 공유하고 있다.

검찰수사관 들여다보기

　검찰청은 검사, 검찰수사관, 실무관 등 다양한 직군이 함께 힘을 합쳐 일을 하고 있다.
　검찰청 조직과 구성원을 알아보고, 검찰수사관의 법적 지위, 역할, 특성, 검찰조직문화를 살펴보면서 검찰수사관의 매력을 찾아본다.

제2장 검찰수사관 들여다보기

1. 검찰청 조직
2. 검찰청 구성원 ①
3. 검찰청 구성원 ②
4. 검찰청 구성원 ③
5. 검찰수사관 정의
6. 검찰수사관 법적지위 ①
7. 검찰수사관 법적지위 ②
8. 검찰수사관 법적지위 ③
9. 검찰수사관 특성 ①
10. 검찰수사관 특성 ②
11. 검찰수사관 특성 ③
12. 검찰 조직문화 ①
13. 검찰 조직문화 ②

01 검찰청 조직

> ○ 검찰청은 대검찰청을 정점으로 산하에 총 65개의 검찰청 설치
> - 6개 고등검찰청, 18개 지방검찰청, 41개 지방검찰청 지청

검찰청은 각종 범죄로부터 국민과 사회 및 국가를 보호하는 것을 기본임무로 하는 조직이다. 범죄를 수사하고, 사법경찰의 법령위반 시정, 보완수사 요구 등 사법통제와 공소의 제기 및 유지, 형 집행, 수사과정에서의 인권옹호 등을 담당한다.

검찰청은 대검찰청을 정점으로 산하에 6개의 고등검찰청, 18개의 지방검찰청, 41개의 지청으로 구성되어 있다. 검찰청과 법원은 업무 편의 등을 위해 서로 대응하여 설치되어 있어서 검찰청 옆에는 항상 법원이 있다. 예컨대, 청주지방검찰청 바로 옆에는 청주지방법원이 있다.

대검찰청은 서울시 서초동에 있다. 대검찰청은 전국의 검찰청을 지휘하고, 감독하는 것이 주요 임무이다. 검찰총장은 대검찰청의 사무를 맡아 처리하고, 검찰사무를 종합적으로 살피며, 검찰청의 공무원을 지휘한다.

6개의 고등검찰청은 항고사건 처리, 형사재판 항소심 공소유지, 국가를 당사자로 하는 소송의 수행 및 지휘·감독 등을 담당한다. 또한, 검찰공무원의 비위에 대한 감찰활동도 담당한다. 고등검찰청 산하에는 지방검찰청과 지청이 설치되어 있다.

18개의 지방검찰청과 41개의 지청은 범죄수사, 공소의 제기와 유지, 형 집행 등 검찰 본연의 업무를 수행하고 있다.

〈검찰청 조직도〉

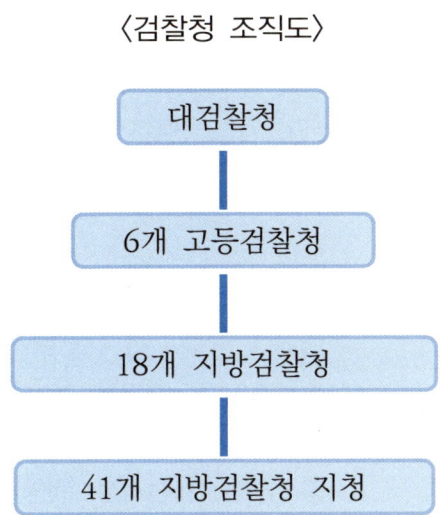

〈참고 : 전국 검찰청 조직도〉

■ 서울고등검찰청

지방검찰청	지청
서울중앙지방검찰청 서울동부지방검찰청 서울남부지방검찰청 서울북부지방검찰청 서울서부지방검찰청	
의정부지방검찰청	고양지청
인천지방검찰청	부천지청
춘천지방검찰청	강릉지청, 원주지청, 속초지청, 영월지청

■ 대전고등검찰청

지방검찰청	지청
대전지방검찰청	홍성지청, 공주지청, 논산지청, 서산지청, 천안지청
청주지방검찰청	충주지청, 제천지청, 영동지청

■ 대구고등검찰청

지방검찰청	지청
대구지방검찰청	안동지청, 경주지청, 김천지청, 상주지청, 의성지청, 영덕지청, 포항지청, 서부지청

제2장 검찰수사관 들여다보기

■ 부산고등검찰청

지방검찰청	지청
부산지방검찰청	동부지청, 서부지청
창원지방검찰청	진주지청, 통영지청, 밀양지청, 거창지청, 마산지청
울산지방검찰청	

■ 광주고등검찰청

지방검찰청	지청
광주지방검찰청	목포지청, 장흥지청, 순천지청, 해남지청
전주지방검찰청	군산지청, 정읍지청, 남원지청
제주지방검찰청	

■ 수원고등검찰청

지방검찰청	지청
수원지방검찰청	성남지청, 여주지청, 평택지청, 안산지청, 안양지청

02 검찰청 구성원 ①

> ○ 검찰청에는 약 1만 명이 넘는 검찰구성원이 근무
> - 검사 약 2,200명, 검찰수사관 약 6,000명, 실무관, 행정관 등 약 2,000명

검찰청에는 약 1만 명이 넘는 검찰구성원이 근무한다. 검사 약 2,200명, 검찰수사관 약 6,000명, 실무관·행정관 등 약 2,000명이 각자의 역할을 충실히 수행하고 있다.

〈검찰구성원 현황〉

구분	총계	검사	검찰수사관	실무관·행정관	기타
인원	10,200	2,200	6,000	2,000	

검찰수사관은 9급에서 8급, 8급에서 7급으로 직급이 올라가면 승진한다고 한다. 특정직인 검사는 검사와 검찰총장의 2단계 직급만 존재한다(검찰청법 제6조). 따라서 검사의 승진은 원칙적으로 검찰총장으로 승진하는 것 이외에는 없다. 하지만, 모든 조직은 그 기능을 적절히 발휘하기 위해 조직체계를 갖추어 운영을 하고 있고, 업무의 난이도와 책임도에 따라 검사, 부장검사, 차장검사, 검사장과 같은 직위를 갖추고 있다.

검사는 일정 기간 근무하면 부장검사가 된다. 부장검사는 부 업무를 총괄하고, 부 구성원(검사, 검찰수사관, 실무관 등)을 통솔한다. 차장검사는 부기관장이라고 보면 이해가 쉽다. 차장검사 직위는 6개 고등검찰청, 18개 지방검찰청, 9개 대규모 지청에 두고 있는데, 해당 검찰청의 수사와 검찰행정 업무 등에 대해 기관장을 보좌하고, 검사장 또는 지청장이 부득이한 사유로 직무를 수행할 수 없을 때에는 그 직무를 대리한다.

검사는 약 20년 상당 근무하면 검사장이 될 수 있다. 검사장은 지방검찰청 검사장으로서 기관장 역할을 하는 경우가 있고, 고등검찰청 차장검사, 대검찰청 부장검사, 법무부 국장 등으로도 보임한다. 검사장은 고등검찰청 검사장으로 보임할 수 있고, 통상 고등검찰청 검사장 중에서 검찰총장이 임명된다.

03 검찰청 구성원 ②

> ○ 검찰수사관은 약 6,000명
> - 직급 : 9급~고위공무원단 가급
> - 업무별 : 검사실, 수사·조사과, 형 집행, 검찰사무

　검찰수사관은 약 6,000명이 근무하고 있다. 9급부터 고위공무원단 가급까지의 직급체계로 운영되고 있다. 각 직급의 명칭은 검찰직의 경우에 검찰서기보(9급), 검찰서기(8급), 검찰주사보(7급), 검찰주사(6급), 검찰사무관(5급), 검찰수사서기관(4급), 검찰부이사관(3급), 고위공무원단 나급, 고위공무원단 가급이다. 마약수사직의 명칭은 마약수사서기보(9급), 마약수사서기(8급), 마약수사주사보(7급) 등이다. 일반적으로 6급 이하는 실무자, 5급 이상은 관리자 역할이 부여된다.

　검찰수사관은 수사, 공판, 형 집행, 검찰사무 등을 담당하고 있는데, 가장 많은 인력이 배치된 곳은 수사부서이다. 검사실과 수사과·조사과에서 근무하는 수사관은 직접 수사를 담당한다. 이외에도 디지털포렌식·자금추적·회계분석 등 수사지원을 담당하는 수사관, 심리생리검사(거짓말 탐지기 검사로 이해하면 된다)를 전담하는 수사관, 수사정보를 수집하는 수사관 등이 있다.

형 집행을 담당하는 수사관은 집행과에 배치되어 자유형과 재산형 집행 업무를 수행한다. 검찰사무를 처리하는 수사관은 사건과에 배치되어 사건접수와 각종 영장 처리, 압수물 관리, 형사조정 및 범죄피해자 지원 업무 등을 처리한다. 또한, 총무과에 소속된 수사관은 검찰행정을 담당한다.

검찰수사관은 이외에도 법무부, 대검찰청의 각 부서에서 기획업무 등을 담당하거나 법무연수원에서 검찰공무원 교육훈련 업무를 처리하기도 한다.

04 검찰청 구성원 ③

> ○ 검찰청에는 마약수사직, 전산·정보통신직, 사무운영직, 운전직, 방호직 등 다양한 직렬 근무

검찰청에는 검찰직 이외에도 다양한 직렬이 근무하고 있다. 마약수사직은 검사실 또는 마약수사과에서 마약관련 수사를 담당한다. 마약수사를 전담하므로 고도의 전문성을 가지고 있다.

전산·방송통신직은 검사실 등에서 실제 수사를 담당하거나 정보통신기기 관리 등의 업무를 담당한다. 전산·정보통신직은 디지털 포렌식과 같은 과학수사 분야의 전문성을 바탕으로 압수·수색 집행, 압수물 분석 분야에서 수사성과를 내는데 큰 기여를 하고 있다.

사무운영직은 실무관으로 불리는데 약 2,000명 정도가 근무한다. 대부분 검사실에 근무하고, 일부는 사무국 소속 부서에서 검찰행정을 담당하기도 한다.

검사실에 근무하는 사무운영직은 검사실에 사건이 배당된 시점부터 검사가 수사를 완료하고 사건을 종결할 때까지의

수사업무 전체 과정을 지원한다. 예컨대, 검사실에 사건기록이 배당되어 오면 개개 기록을 일일이 검토하여 처분 미상전과 (피의자가 입건되었으나 수사결과가 기재되지 않은 자료)를 확인한 후 검사에게 인계한다. 또한, 검사가 수사를 완료하며 부장검사실 등으로 결재를 올릴 때에도 수사기록을 꼼꼼하게 살펴본다. 적용법조, 죄명, 공소장·불기소장 등의 누락, 오타, 오류여부, 피의자신문조서 등의 간인, 날인 누락여부 등을 점검한다. 베테랑 실무관은 매의 눈으로 수사기록 오류를 귀신같이 잡아낸다.

검사실에 근무하는 사무운영직은 같은 방의 수사관과 함께 검사실에 걸려오는 전화민원 응대를 한다. 사무운영직 등은 사건진행과정, 절차 등에 대해 친절히 설명해준다. 그런데 수사결과에 불만이 있는 민원인은 실무관 등이 전화를 받으면 다짜고짜 "검사 바꿔!"라며 소리부터 높인다. 실무관은 이런 민원인의 화를 달래고, 반복되는 악성 민원인의 전화테러를 유연하게 받아 넘겨야 한다.

검찰청에는 행정관으로 불리는 운전직, 방호직 등이 압수수색 현장지원, 청사방호와 같은 직무를 수행하고 있고, 이외에도 시설·공업직, 전기운영직, 열관리 운영직 등 다양한 기술직이 청사관리 등을 위해 근무하고 있다.

05 검찰수사관 정의

> ○ 검찰수사관은
> - 수사, 공판, 형 집행, 검찰사무 등에 종사하는 검찰직 등의 공무원

통상 '검찰수사관'은 검찰청에 소속되어 수사, 공판, 형 집행, 검찰사무에 종사하는 검찰직·마약수사직·전산·방송통신직 등의 공무원을 칭한다. '검찰수사관'이라는 용어는 검찰 내부뿐 아니라 외부기관이나 언론에서 일상적으로 흔히 사용한다. 하지만, 형사소송법, 검찰청법 등 법률에 규정된 용어는 아니다. 검찰청은 2005년부터 '검찰수사관'을 대외직명으로 쓰고 있다.[1]

다른 용어로는 '참여계장'이라는 명칭으로도 불리는데, 참여계장은 주로 검사실에 근무하는 6·7급 검찰수사관을 말한다. '수사관'이라는 명칭도 사용한다. 명칭을 어떻게 부르든 검찰수사관은 형사절차 전반에 관여하여 주도적 역할을 수행하는 올라운드 플레이어이다.

검찰수사관은 ① 수사, ② 공판, ③ 형 집행, ④ 검찰사무 분야에서 각각의 역할을 충실히 수행하고 있다.

---

[1] 대검찰청(2018), 국민과 함께하는 검찰수사관 바로알기(9쪽)에서 발췌하였다.

형사소송법, 검찰청법에는 검찰수사관에게 사법경찰관리 지위 부여, 검사실 참여권한과 같은 근거규정을 두고 있다. 형사소송법은 국가가 형벌권을 행사하는데 있어 지켜야 할 절차 등을 규정한 법률이고, 검찰청법은 검찰청의 조직, 직무범위 등을 규정한 법률이다.

〈참고 : 검찰수사관 법적 지위 관련 법률 조항〉

형사소송법 제245조의9(검찰청 직원)

① 검찰청 직원으로서 사법경찰관리의 직무를 행하는 자와 그 직무의 범위는 법률로 정한다.

② 사법경찰관의 직무를 행하는 검찰청 직원은 검사의 지휘를 받아 수사하여야 한다.

③ 사법경찰리의 직무를 행하는 검찰청 직원은 검사 또는 사법경찰관의 직무를 행하는 검찰청 직원의 수사를 보조하여야 한다.

검찰청법 제46조(검찰수사서기관 등의 직무)

① 검찰수사서기관, 검찰사무관, 검찰주사, 마약수사주사, 검찰주사보, 마약수사주사보, 검찰서기 및 마약수사서기는 다음 각 호의 사무에 종사한다.
  1. 검사의 명을 받은 수사에 관한 사무
  2. 형사기록의 작성과 보존

3. 국가를 당사자 또는 참가인으로 하는 소송과 행정소송의 수행자로 지정을 받은 검사의 소송업무 보좌 및 이에 관한 기록, 그 밖의 서류의 작성과 보존에 관한 사무
   4. 그 밖에 검찰행정에 관한 사무
② 검찰수사서기관, 수사사무관 및 마약수사사무관은 검사를 보좌하며 형사소송법 제245조의9제2항에 따른 사법경찰관으로서 검사의 지휘를 받아 범죄수사를 한다.
③ 검찰서기, 마약수사서기, 검찰서기보 및 마약수사서기보는 검찰수사서기관, 검찰사무관, 수사사무관, 마약수사사무관, 검찰주사, 마약수사주사, 검찰주사보 또는 마약수사주사보를 보좌한다.
④ 검찰수사서기관, 검찰사무관, 검찰주사, 마약수사주사, 검찰주사보, 마약수사주사보, 검찰서기 및 마약수사서기는 수사에 관한 조서 작성에 관하여 검사의 의견이 자기의 의견과 다른 경우에는 조서의 끝 부분에 그 취지를 적을 수 있다.

검찰청법 제47조(사법경찰관리로서의 직무수행)

① 검찰주사, 마약수사주사, 검찰주사보, 마약수사주사보, 검찰서기, 마약수사서기, 검찰서기보, 마약수사서기보로서 검찰총장 또는 각급 검찰청 검사장의 지명을 받은 사람은 소속 검찰청 또는 지청에서 접수한 사건에 관하여 다음 각 호의 구분에 따른 직무를 수행한다.
   1. 검찰주사, 마약수사주사, 검찰주사보 및 마약수사주사보 : 형사소송법 제245조의9 제2항에 따른 사법경찰관의 직무
   2. 검찰서기, 마약수사서기, 검찰서기보 및 마약수사서기보 : 형사소송법 제245조의9 제3항에 따른 사법경찰리의 직무

검찰수사관 법적지위 ①

○ 검찰수사관은 사법경찰관리, 검사실 참여, 검찰행정을 처리할 법적 지위 등 보유

검찰수사관은 '사법경찰관리'의 지위와 '검사실 참여'의 지위를 가지고 있다. 그밖에 '국가소송, 행정소송을 수행하는 검사의 소송업무 보좌 및 서류작성과 보존에 관한 사무'를 처리할 지위 및 '검찰행정에 관한 사무'를 처리할 지위를 갖고 있다.

〈검찰수사관 법적지위〉[2]

구분	법적 근거
사법경찰관리	·수사(4~5급) : 형사소송법 245의9①, 검찰청법 46② ·수사(6~9급) : 형사소송법 245의9①, 검찰청법 47 ·형 집행(4~9급) : 형사소송법 474, 475
검사실 참여	·수사(6~8급) : 형사소송법 243, 검찰청법 46①
검찰행정 등	·소송업무 보좌 : 검찰청법 46①3호 ·검찰행정 : 검찰청법 46①4호 등

---

2) 대검찰청, 앞의 책(10쪽)에서 발췌하였다.

검찰수사관은 무슨일을 하나요?

첫째, 사법경찰관리의 지위로 수사권한이 있다. 4급~7급은 사법경찰관의 자격으로 수사를 하고, 8급~9급은 사법경찰리의 지위로 사법경찰관의 수사를 보조한다.

또한, 검찰수사관은 사법경찰관리의 지위로 형 집행을 담당한다. 형집행장은 구속영장과 동일한 효력(형사소송법 제474조, 475조 등)이 있다. 이런 근거 등으로 검찰수사관에게는 형 집행 권한이 부여된다.

둘째, 검사실 참여의 지위로 수사를 할 수 있다. 주로 6급·7급 수사관이 검사실에 배치되어 검사와 함께 팀을 이루어 사건을 처리한다.

셋째, 검찰수사관은 행정소송, 국가소송과 같은 소송업무 보좌 및 서류작성을 할 권한이 있고, 사건 접수 및 수리, 지명수배, 출국금지, 출국정지, 압수물 처리와 같은 수사지원 업무를 비롯한 검찰행정 업무를 수행할 수 있는 지위를 갖고 있다.

검찰수사관 법적지위 ②

○ 검찰수사관은 사법경찰관리의 지위보유
 - 수사과·조사과의 수사는 대표적인 사법경찰관리의 지위

　검찰수사관이 사법경찰관리의 지위로 수사를 하는 대표적 사례가 수사과·조사과에서의 수사이다. 검찰청 수사과·조사과는 경찰과 같이 사법경찰관리의 지위로 수사를 하므로 수사가 완료되면 경찰과 마찬가지로 검사에게 사건을 '송치'한다.

　수사과·조사과는 검찰청 내에 검찰수사관으로 구성된 경찰서라고 보면 이해가 쉽다.

　수사과·조사과는 검찰청에 접수된 고소·고발 사건 중 주임검사가 수사지휘 한 사건을 주로 처리한다. 수사과·조사과 처리사건은 복잡하고 어려운 사건, 사건관계인(고소인, 피고소인)이 다수인 사건 등을 다룬다. 예컨대, 피해액이 5억 원 이상인 사기·횡령·배임 사건 중 재건축·재개발 관련 고소·고발사건, 종중관련 고소·고발사건 등을 주로 수사한다.

　검·경 수사권조정 법률 개정 이후에도 검찰수사관은 경찰과 달리 검사의 수사지휘를 받는다. 필자 사견으로는, 수사과·조사

과의 탄생 배경이 '검사의 늘어진 팔' 역할을 위한 연혁적 배경이 있고, 조직체계상 수사지휘를 인정하는 것이 자연스러우며, 고도의 전문성이 요구되는 검찰수사의 특성, 인권보호 등을 감안한 것이라 생각한다.

한편, 검찰수사관은 사법경찰관리의 지위로 형 집행을 담당한다. 자유형 미집행자 및 재산형 미납자 검거를 할 때 통신수사, IP추적, 탐문 및 잠복 등을 하게 되는데, 이는 사법경찰관리의 지위로 행하는 직무의 또 다른 사례이다.

검찰수사관 법적지위 ③

○ 검찰수사관은
- 검사실 참여자, 국가·행정소송 보좌 및 서류작성, 검찰행정 업무 수행 지위

　검찰수사관은 검사실 참여수사관으로서의 직무를 수행한다. 검사실에는 6급~7급 수사관 1~2명이 배치되고, 종종 8급 수사관도 배치된다. 전국적으로는 약 2,000명 이상의 검찰수사관이 검사실 참여수사관으로 근무하고 있다.

　참여수사관은 검사실에서 조사, 진술청취 등 수사업무는 물론 압수수색 등 중요한 역할을 수행하고 있다.

　검사실 참여제도는 검찰제도 도입과 함께 시작되었다. 참여는 검사의 피의자신문의 필요적 요건이다. 형소법(243조)은 '검사가 피의자를 신문함에는 검찰청수사관 또는 서기관이나 서기를 참여하게 하여야 하고, 사법경찰관이 피의자를 신문함에는 사법경찰리를 참여하게 하여야 한다.'고 규정하고 있다. 검사실 참여는 적법절차 준수요건이면서 검사 수사의 객관성과 공정성을 담보하는 역할도 수행한다.

　검찰수사관은 검사와 의견이 다를 경우에 조서에 다른 의견을

검찰수사관은 무슨일을 하나요? ●●

기재할 권한과 책무가 있다. 검찰청법(제46조④)에는 '검찰수사서기관~마약수사서기는 수사에 관한 조서 작성에 관하여 검사의 의견이 자기의 의견과 다른 경우에는 조서의 끝 부분에 그 취지를 적을 수 있다.'고 규정하고 있다.

검찰수사관은 국가를 당사자 또는 참가인으로 하는 소송과 행정소송의 수행자로 지정을 받은 검사의 소송업무 보좌 및 이에 관한 기록, 그 밖의 서류 작성과 보존에 관한 사무를 처리할 권한이 있다. 필자는 사무관 시절에 소송 수행자로 지정되어 법정에 여러 차례 출석하여 소송을 수행한 경험이 있다. 또한, 서울고등검찰청에는 국가소송을 관리하는 소송사무과가 설치되어 있다.

검찰수사관은 검찰행정에 관한 사무를 처리할 권한이 있다. 검찰청 사건과의 업무가 대표적인 검찰행정 업무이다. 예컨대, 사건 접수·수리, 각종 영장 접수·수리, 기소중지·참고인중지, 압수물 관리, 지명수배, 지명통보, 출국금지, 범죄피해자지원, 형사조정지원 등이 이에 해당한다.

검찰수사관 특성 ①

> ○ 검찰수사관은 주인의식과 적극성이 강함

　검찰수사관은 다른 공무원과 비교하여 업무에 따른 특수성이 있다. 필자는 외부기관 파견 등 검찰 밖에서 근무한 경험으로 인해 검찰수사관을 좀 더 객관적으로 바라볼 수 있었다.

　가장 큰 특징은 주인의식과 적극적·능동적 태도가 매우 강한 것이다. 검찰수사관에게 왜 유독 이런 특성이 강할까 생각해 보니, 수사업무를 지속적으로 수행하는 과정에서 업무 특성상 자신도 모르게 몸에 체화된 것으로 보인다.

　예전의 특수부 검사실과 수사과는 인지수사를 주로 담당했다. 인지수사는 경찰이 송치한 사건을 보완수사 하는 방식과 달리 사건의 시작인 첩보수집 단계부터 소위 '흙속의 진주찾기'하는 방식으로 수사를 시작한다. 이때 검찰수사관이 '남의 일'처럼 시키는 일만 하면 인지수사는 성과 없이 종료된다. 검찰수사관이 주도적으로 관여하여 온갖 고민과 노력을 거듭하며 최선의 방법을 찾아야만 성공의 가능성이 높다.

'내 사건' 또는 '우리방 사건'이라는 의식이 강했고, 그러다 보니 누가 시키지 않아도 밤을 새며 일했고, '사회의 거대 악 척결'이라는 사명감으로 일했다. 그런 일이 반복되다 보니 주인 의식이 몸에 체화된 걸로 보인다. 물론, 그 과정에서 적극적이고 능동적인 태도는 당연히 따라오는 것이다.

형사부 검사실은 경찰이 송치한 사건을 보완수사 한다. 어떤 검사는 "계장님, 이 사건 검토 좀 해 주세요."라고 하며 검찰 수사관에게 개략적으로 위임하기도 한다. 이 경우에, 검사가 계장을 믿고 맡긴다는 의미이므로 기록을 꼼꼼하게 보면서 사실관계를 정리하고, 기소 또는 불기소 할 경우에 필요한 보완수사 사항이 무엇인지 고민하고, 고민하는 과정을 거치면서 주인의식이 더욱 커진 것으로 보인다.

10 검찰수사관 특성 ②

> ○ 검찰수사관은 사안의 핵심을 파악하는 능력, 사람을 응대하고, 대처하는 능력이 탁월

검찰수사관은 사안의 핵심을 파악하는 능력이 탁월하다. 복잡하고 방대한 사건을 반복 처리하는 과정에서 생긴 것으로 보인다. 검사실뿐 아니라 수사과, 조사과의 사건은 아주 복잡하다. 특히, 복잡한 재산범죄 사건은 수사기록이 몇 수레에 달하는 것도 있는데, 이런 복잡한 사건을 처리하려면 사실관계, 법리의 핵심을 신속하게 파악하는 것이 필요하다.

검찰수사관은 조서작성을 통해 사건관계인들의 장황한 진술의 요약·정리를 반복하면서 핵심을 파악하는 능력이 향상된 것으로 보인다. 조서는 조사자와 조사대상자의 질문과 답변을 통해 범죄 구성요건, 사안의 핵심쟁점, 전반적 사실관계를 정리하는 역할을 한다. 그런데 일반인들은 자기가 하고 싶은 말을 두서없이 장황하게 하는 경향이 있다. 검찰수사관은 이런 정리되지 않은 진술을 진술자의 진술취지에 맞게 조서에 현출하다 보니 핵심을 파악하는 능력이 향상된 듯하다.

검찰수사관은 무슨일을 하나요? ••

검찰수사관은 사람을 대하는 능력이 탁월하다. 수사는 형사법 이론을 잘 아는 것에 더해 사건관계인을 잘 대해야 한다. 사건관계인을 어떻게 대하느냐에 따라 수사가 잘 풀릴 수도 있고, 미궁으로 빠질 수도 있다.

검찰수사관은 여러 사람을 조사한 경험을 통해 이런 유형의 사람은 이렇게, 저런 유형의 사람은 저렇게 응대하면 좋구나 하는 경험을 체득하게 된다. 그렇게 얻은 노하우는 자산이자 특성으로 남는다.

11 검찰수사관 특성 ③

> ○ 검찰수사관은 정의감, 사명감, 준법의식이 높음

필자가 매일 대하는 검찰수사관 상당수는 정의감과 사명감이 높다. 그런 성격의 사람이 검찰에 입사해서 그런 것일 수도 있고, 검찰구성원의 조직문화를 본받아서 그런 것일 수도 있다. 양쪽 모두의 영향을 받았을 것이다.

수사는 절차적 정당성을 지키면서 실체적 진실을 밝혀가는 과정이라고 생각한다. 검찰수사관은 수사과정에서 파렴치범의 허무맹랑한 변명, 부패한 사람의 몰염치 등을 경험한다. 또한, 억울한 피의자의 사례도 접하게 된다. 이럴 경우에 무엇이 정당하고 합당한 것인지 밝혀내기 위해 온갖 고생을 하며 실체에 집중한다. 이런 과정의 반복을 통해 사명감과 정의감이 높아졌을 것으로 보인다.

검찰수사관은 준법의식이 강하다. 법을 다루는 업무 특성상 규정 준수는 양보나 타협이 없다. 가끔 일부 지자체의 출장비, 시간외 근무 수당 부당 수령의 사례가 보도된다. 하지만, 이런 사례가 검찰에서는 거의 발생하지 않는다. 규정에 어긋나는 행위는 아예 멀리한다.

국가나 조직에 대한 충성심도 남다르다. 개인보다는 전체나 조직을 먼저 생각하는 경향이 있다. 이런 검찰수사관의 특성은 퇴직 후 직역을 넓히는 데도 효과가 있다. 최근 검찰수사관은 퇴직 후 법무법인, 대기업, 공기업, 지방자치단체 등에 진출하는 사례가 상당히 늘고 있다. 직무능력 뿐 아니라 정의감, 사명감, 조직 충성도를 높게 평가한 것으로 보인다.

12 검찰 조직문화 ①

> ○ 검찰조직문화는 합리적이고 공정

 검찰을 다룬 영화나 드라마의 장면 중에는 검은 양복을 입은 사람들이 도열하여 마치 조폭처럼 기관장에게 90도로 허리를 굽혀서 인사를 하는가 하면 '폭탄주'를 함께 마구 들이키기도 한다. 이로 인해 검찰조직문화가 경직된 것으로 보기도 한다.

 하지만, 검찰 조직문화는 어느 국가기관, 공공기관보다도 합리적이고 공정하다. 조직이 합리적으로 운영되고, 공정한 인사제도가 시스템으로 작동하고 있다. 예를 들어, 검찰수사관 인사는 능력과 성과를 중시하고, 보직과 재임기간을 고려한 예측 가능한 인사가 이뤄진다. 인사 청탁이 거의 통하지 않고, 가급적 개인의 희망과 고충이 반영된다.

 검찰구성원이 일상에서 반복적으로 하는 업무의 핵심은 공정한 업무처리이다. 공정함이 몸에 밴 사람들이기 때문에 합리성과 상당성을 최고의 가치로 여긴다.

검찰수사관은 무슨일을 하나요?

　기관장은 검찰청 내 인사이동, 행정, 각종 행사 등이 합리적이라고 판단되면 더 이상 따지지 않고 결재란에 서명한다. 합리적 의견이라면 '태클'이 들어오는 것을 보지 못했다. 열심히 일한 사람, 묵묵히 힘든 곳에서 고생한 사람이 대우를 받아야 공정과 공평에 맞는 것이다. 필자는 이런 사람들이 승진, 인사이동, 외부기관 파견, 포상 등에서 우대를 받는 것을 많이 보아왔다.

　〈참고 : 검찰은 수평적이고 유연한 조직문화로 나가는 중〉

◎ 권위주의적 조직문화를 수평적인 문화로 바꾸기 위해 노력하고 있는 중.

▶ 예전사례
- 상부기관장이 지도방문을 하면 모든 간부가 나와, 도열하여 인사를 했다.
- 기관장 취임식 등에는 모든 직원이 기관장 앞에 와서 '검찰주사 홍길동' 식으로 관등성명을 밝히는 신고를 했다.
- 회의를 할 때면 직급순서에 따라 짜여진 좌석배치표가 있었다.
- 상사가 회식을 주재하면 상사가 좋아하는 식당이나 메뉴를 선택하는 경우가 있었다.
- 공문서 등에 '지시사항 하달'과 같은 권위주의적 용어를 사용했다.

▶ 개선사례

- 상부기관장이 지도방문을 하여도 최소한의 인원(기관장, 사무국장 등)만이 현관에 나와 영접을 한다.
- 기관장 취임식 등에는 기관장이 직접 직원 앞으로 다가가 간단히 악수를 하고, 직원들은 행사 시 서서 있는 것이 아니라 의자에 앉아 있다.
- 회의를 할 때에는 직급에 따른 좌석배치 없이 자유롭게 좌석에 앉는다.
- 상사가 회식을 주재하더라도 하급자의 의향을 존중하여 하급자가 식당이나 메뉴를 정한다.
- 공문서를 작성할 때 '하달→송부'와 같이 권위주의적 용어를 부드러운 용어로 변경하고 있다.

▶ 효과

- 권위주의적인 행사, 의전, 회의, 용어를 개선하여 지속적으로 시행하면서, 권위주의적인 조직문화가 수평적이고, 유연한 조직문화로 변경되고 있다.
- 이런 효과는 직원들에게 유연한 사고를 갖게 하고, 자유스런 의견개진을 가능토록 함으로써 장기적으로 조직발전에 기여할 것이다.

13 검찰 조직문화 ②

> ○ 검찰조직문화는 구성원간의 끈끈한 인간관계와 내리사랑

영화 베테랑에는 "야, 우리가 돈이 없지 '가오'가 없냐."라는 경찰관의 대사가 나온다. 이 대사처럼 검찰수사관도 돈은 없지만 구성원과의 끈끈한 인간관계와 내리사랑은 넘쳐난다.

검찰업무는 혼자 할 수 있는 것이 별로 없다. 수사, 압수수색, 현장검거 등 대부분의 업무는 검찰구성원 상호간에 신뢰와 협동이 전제되어야 한다. 구성원이 함께 일하면서 고생하고, 신뢰하는 과정이 반복되면서 인간관계가 중시되는 문화가 조직문화로 발전한 것으로 보인다. 선배와 후배, 동료 사이는 물론, 검사, 실무관 사이의 관계도 같다.

서로 돕고, 함께 고생하며 아껴주던 문화가 요즘은 조금 희미해진다는 이야기도 있다. MZ세대 등장 등 시대의 변화에 검찰만 예외일수는 없을 테니까 이해는 가지만 아쉬움도 생긴다.

최근 언론에 '시보 떡'문화가 보도 되었다[3]. 시보공무원은 정식으로 공무원으로 임용되기 전 6개월 시보기간이 끝나면

---

[3] 동아일보(2021. 2. 18) '공무원 울린 시보 떡 문화'(네이버 뉴스)

감사의 의미로 부서에 떡을 돌린다. 그런데 형편이 어려운 공무원이 백설기 하나만 돌렸더니 팀장이 떡을 쓰레기통에 버렸고, 이를 알게 된 당사자가 눈물을 흘렸다는 내용이다.

검찰은 이런 '시보 떡' 문화는 물론 '상납' 등의 개념이 없다. 예를 들어, 구성원이 저녁 회식을 하게 되면 식비는 당연히 가장 높은 상급자 또는 선배의 몫이고, 더치페이 방식 등이 오히려 예외이다. 제일 상급자가 책임을 지는 '내리사랑'의 문화가 있다.

검찰수사관으로 살아가기

검찰수사관 임용단계부터 고위공무원 가급까지 전 직급의 단계별 근무부서와 인사, 승진, 복지 등 검찰생활 전반에 대한 궁금한 점을 알아본다.

제3장 검찰수사관으로 살아가기

1. 검찰수사관이 되려면?
2. 7급 공채시험
3. 9급 공채시험
4. 시험 합격 후 임용 前 절차
5. 첫 발령
6. 첫 발령 이후 인사이동
7. 9급~8급 근무부서
8. 7급~6급 근무부서
9. 5급 근무부서
10. 4급 근무부서
11. 3급 및 고위공무원단 나급 근무부서
12. 고위공무원단 가급 근무부서
13. 승진과 인사이동
14. 복무와 보수
15. 직무교육과 직무기술서
16. 상황실 근무와 사무 감사
17. 복지

01 검찰수사관이 되려면?

○ 검찰수사관이 되려면 인사혁신처 주관의 공채시험에 합격 필요
○ 최근 5년 간 연평균 선발인원은 293명(5급 2, 7급 10, 9급 281명)

'검찰수사관'이 되려면 인사혁신처에서 주관하는 '국가공무원 공개경쟁 채용시험'에 합격해야 한다. 5급·7급은 검찰직으로 선발하고, 9급은 검찰직 외에 마약수사직을 별도로 선발한다.

최근 5년간 선발인원을 보면, 5급 공채는 매년 2명, 7급 공채는 평균 10명, 9급 공채는 평균 281명이다. 매년 약 300명의 신규 검찰수사관이 검찰에 들어온다고 보면 된다.

최근 5년간 경쟁률은 5급 공채는 80대 1 ~ 150대 1, 7급 공채는 80대 1 이상, 9급 공채는 40대 1 이상이다. 5급·7급 공채는 20세 이상이면 응시자격이 부여되고, 9급 공채는 18세 이상이다.

5급 공채는 총 3차 시험을 치르는데, 제1차 시험은 선택형 필기, 제2차 시험은 논문형 필기, 제3차 시험은 면접으로 이루어진다.

⟨2021년 5급 공채 시험 과목⟩[1]

1차 시험	2차 시험	3차 시험
언어논리영역 자료해석영역 상황판단영역 헌법(100점 만점에 60점 이상) 영어(영어능력검증시험 대체) 한국사 (한국사능력검정시험 2급 이상)	필수과목(4) - 형법, 형사소송법, 행정법, 교정학 선택과목(1) 행정학, 경제학, 노동법, 법의학 등	면접

⟨현직 인터뷰 ① : 2018년 5급 공채 합격자⟩

강○우(서울중앙지검)

문 : 본인을 간략히 소개해 주세요.

답 : 2018년 제63회 5급 공채 검찰직에 합격하여, 현재는 서울중앙지검 형사5부에서 검찰실무수습을 받고 있습니다.

문 : 2018년 시험 합격 이후 2021년 5월 현재까지 어떻게 지내고 있나요?

답 : 2018년 10월 최종합격하여, 학업을 마치기 위하여 1년의 임용유예기간을 가졌습니다. 이후 2020년 5월부터 국가공무원인재

---

[1] 구체적 사항은 사이버국가고시센터에 공개되어 있으며, 7급·9급 시험의 경쟁률, 시험과목 등에 대한 사항도 위 사이트에서 참고하였다.

개발원 신임관리자 과정을 이수하였고, 2020년 9월부터 서울중앙지방검찰청 형사5부에서 인사혁신처 수습행정관실 소속 검찰사무관시보 근무를 시작하였습니다.

문 : 서울중앙지방검찰청 형사5부에서 받고 있는 수습 내용은 무엇인가요?

답 : 압수수색 현장지원, 압수물 분석, 수사보고 작성, 피의자조사 등을 하고 있습니다.

문 : 지금까지 검찰청을 경험한 소감은 어떤가요?

답 : 형사5부 한 검사실에서만 6개월을 있다 보니 아직 모르는 게 많습니다. 다만 업무에 있어 무거운 책임감을 느껴야 한다는 것은 알 것 같습니다. 책상에 앉아서 종이 기록으로만 사건을 보고 누군가의 범죄여부를 파악한다는 것은 쉽지 않고, 책임감을 요하는 일인 듯합니다. 교만한 마음을 가지면 선입견과 확증편향에 빠지기 쉽고, 사건을 예단하게 됩니다. 이러한 오류를 경계하기 위하여 매순간 무거운 마음을 가지고 일하고 있습니다.

문 : 밖에서 생각한 검찰과 안에서 직접 경험해본 검찰은 차이가 있나요?

답 : 언론, 드라마 등에서 검찰은 뚜렷한 선 혹은 악으로 묘사되다보니 현실과 괴리가 있는 것 같습니다. 검찰직원들도 묵묵히 자기에게 주어진 일을 해야 하고, 그것도 처리기한 등의 압박이 있습니다. 결국, 평범한 이 시대의 직장인, 이 시대의 공무원인 것 같습니다.

문 : 수습기간 중 혹시 기억에 남는 일이 있다면 무엇인가요?

답 : 바로 맞은편에 있던 서초경찰서에 압수수색을 갔던 것이 기억에 남습니다. 관계자들이 협조를 잘해주셔서 무사히 끝낼 수 있었습니다. 압수수색 시작부터 끝까지 여러 방송국에서 기자들이 와서 취재를 하고 있었는데, TV로만 보던 풍경이 눈앞에서 펼쳐지는 것이 신기했습니다.

문 : 2018년 시험에 응시한 과목은 무엇이었나요?

답 : 필수과목인 형법, 형사소송법, 행정법, 교정학과 선택과목인 법의학을 응시하였습니다.

문 : 수험기간은 얼마나 되었으며 어떤 방법으로 공부했나요?

답 : 2년 반 정도 공부를 하였습니다. 5급 공채 검찰직 수험생이 매우 적으므로, 공부는 혼자 할 수밖에 없었던 것 같습니다. ① 법학과목의 경우, 사법시험용 법학과목 강의를 듣고, 혼자 답안을 작성하고, 강의에서 제공하는 모범답안을 보며 혼자 채점하는 방식으로 공부했습니다. ② 교정학의 경우, 9급 수험용 교재와 교수 저 교과서를 보고 공부했습니다. ③ 법의학의 경우, 학교 교양강의와 교수 저 교과서를 보고 공부했습니다.

문 : 수험생에게 알려주고 싶은 합격 팁이 있다면?

답 : 제가 어떤 뛰어난 실력이나 차별화되는 공부법이 있어서 합격했다고 생각하지는 않아서, 팁을 드리기 좀 힘든 부분이 있습니다. 다만, 제가 공부를 할 때 다른 직렬에 합격하신 선배님께서 '놀 때도 책상 앞에서 놀아라.'라고 하셨던 말이 기억납니다. 그 말대로 공부하기 싫은 날, 잘 안 되는 날에도 책상 앞에 앉아 있었는데, 그게 도움이 되었던 것 같습니다.

검찰수사관은 무슨일을 하나요?

문 : 검찰직을 지원한 특별한 동기나 계기가 있나요?

답 : 원래는 5급 공채 일반행정직렬에 응시하고자 했는데, 처음으로 들었던 강의인 행정법에 재미를 느끼고 법학과목이 많은 직렬로 바꿔서 응시해야겠다고 마음먹었습니다. 또 군복무를 의무경찰로 하다 보니 형사법 쪽에 원래 관심이 있었던지라, 검찰직을 지원하게 됐습니다.

문 : 검찰직을 지원하는 사람들에게 하고 싶은 말은?

답 : 5급 공채 검찰직은 워낙 채용인원이 적다보니 지원하시기 쉽지 않으셨을 텐데, 우선 지원을 결심하신 것만으로도 대단하다고 말씀드리고 싶습니다. 꼭 합격하셔서 큰 뜻을 펼치셨으면 좋겠습니다.

7급 공채시험

○ 7급 공채시험
- 합격인원 5~13명, 경쟁률 80대 1이상, 1차·2차(필기시험), 3차(면접)로 구성

최근 5년간 7급 공채 합격인원은 5명~13명 정도이고, 응시자 대비 경쟁률은 80대 1을 상회한다.

〈최근 5년간 검찰직 7급 합격자 현황〉

연도	합격인원	출원자	응시자	여성 합격자
2020	10	1,551	878	6
2019	11	1,434	926	4
2018	13	1,355	863	4
2017	12	1,818	807	5
2016	5	2,442	1,260	1

7급 공채는 제1차·2차 시험은 선택형 필기, 제3차 시험은 면접으로 이루어져 있다.

검찰수사관은 무슨일을 하나요?

〈2021년 7급 공채 시험과목〉

1차 시험	2차 시험	3차 시험
언어논리영역 자료해석영역 상황판단영역 영어(영어능력검증시험 대체) 한국사 (한국사능력검정시험 2급 이상)	필수과목(4) - 헌법, 형법, 　형사소송법, 　행정법	면접

〈현직 인터뷰 ② : 2020년 7급 공채 합격자〉

황○현(서울중앙지검 조사과)

문 : 2020년 시험 합격 이후 2021년 6월 현재까지 어떻게 지내고 있나요?

답 : 2020년 12월 인사혁신처로부터 최종합격 통지를 받고, 2021년 2월 1일부터 5월 21일까지 서울북부지검 조사과, 공판과에서 수습 근무를 하며 2021년 4월에는 3주간 법무연수원에서 시행한 검찰7급 신규자 과정 교육을 받았습니다. 그리고 2021년 5월 24일자로 정식 임용되어 현재 서울중앙지검 조사과에서 근무하고 있습니다.

문 : 조사과, 공판과 수습수사관 근무 중에는 주로 어떤 일을 하였나요?

제3장 검찰수사관으로 살아가기

답 : 우선, 조사과는 검찰수사관들로만 구성된 검찰 내 경찰서 같은 곳으로 검찰에 직접 접수된 고소, 고발, 진정사건을 조사하여 검사실로 송치하는 업무를 합니다. 저는 수습 당시 권한이 없었기 때문에 위 사건들에 대해 직접 조사를 진행하지는 못했고, 범죄일람표 작성이나 수사기록 검토, 기록조제, 장부정리, 기록 대출 등 수사 업무를 보조하는 일을 했습니다. 또, 공판과는 형사재판 업무를 처리하는 부서로 보석, 구속취소, 형사보상, DNA채취, 자유형 미집행자 검거 등의 일을 합니다. 그 중에 저는 1심 선고 입력 및 DNA채취, 기록 인계 등의 업무를 담당했습니다. 감사하게도 저는 수습기간 동안 수사부서와 행정부서 일을 모두 경험할 수 있는 기회가 주어져서 다방면으로 검찰청 내 업무를 배우고 흐름을 익힐 수 있는 시간이었다고 생각합니다.

문 : 약 5개월 간 검찰청을 경험한 소감은 어떤가요?

답 : 검찰 내 문화를 소위 '내리사랑'이라고 표현합니다. 선후배 관계가 끈끈하고, 동기들과는 정말 가족같이 지내고 있습니다. 서로 비슷한 상황과 업무를 경험하기 때문에 도움을 요청하면 적극적으로 나서서 도와주는 사람들이 많고, 내가 마음만 열고 다가간다면 좋은 관계를 형성할 수 있는 곳이라고 생각합니다.

또한, 드라마에서만 접했던 모습들을 실제 눈앞에서 보고 있다는 사실이 신기할 때가 많습니다. 동시에 제가 직접 사건을 배당받아 조사하고 판단한다는 것에 막중한 책임감을 느낍니다. 때문에 검찰수사관이 되었다고 끝난 것이 아니라 이제부터가 진짜 공부의 시작이라는 마음으로 하루하루 겸손하게 배우는 자세로 임하고 있습니다.

문 : 밖에서 생각한 검찰과 안에서 직접 경험해본 검찰은 차이가 있나요?

답 : 검찰은 처음 제가 걱정했던 모습과 많이 달랐습니다. 대부분의 검찰청 직원들은 묵묵히 자신의 일을 성실히 하며 매일의 삶을 살아내는 지극히 평범한 사람들임에도 불구하고, 뉴스나 드라마에서 나오는 부정적이고 극단적인 모습으로만 국민들에게 인식되는 것 같아 안타까웠습니다. 실제 제가 경험한 검찰은 여느 다른 곳과 마찬가지로 다양한 사람들이 존재하는 인간적이고 따뜻한 조직입니다.

문 : 수습기간 중 혹시 기억에 남는 일이 있다면 무엇인가요?

답 : 사실 수습기간은 검찰에 대한 첫 이미지를 결정하는 시간이었는데요. 제가 만난 모든 분들과 함께한 시간들이 다 너무 좋았지만, 개인적으로 두 가지가 가장 기억에 남습니다. 첫 번째는, 옆자리에 앉아 계셨던 사무관님과 계장님께서 수습인 저에게 많은 관심을 쏟고 열정적으로 일을 가르쳐 주셨을 뿐만 아니라, 제가 어떤 사명감을 가지고 어떤 자세로 앞으로의 검찰생활을 해야 하는지 진심을 담아 조언해주셨습니다. 이제 막 첫 단추를 꿰기 시작한 후배를 향한 선배의 마음을 느낄 수 있었고, 저도 이런 선배가 되어야겠다고 다짐하는 계기가 되었던 것 같습니다. 두 번째는, 제가 심리생리검사 분야에 관심이 있어서 수습청 내에 있는 심리분석실에 찾아갔던 적이 있는데, 갑작스러운 방문에도 불구하고 계장님들이 너무 친절하게 상담해주시고, 거짓말탐지기까지 가동하시면서 기타 검찰 생활에 대해서 많이 조언해주셔서 큰 감동을 받았던 기억이 납니다. 그 이후에도 틈틈이 찾아가

이야기를 나누고, 수습 마지막 날까지 저를 따뜻하게 챙겨주시는 등 너무 감사한 시간이었습니다.

문 : 2020년 시험에 응시한 과목은 무엇이었나요?

답 : 검찰 7급 시험의 경우 국어, 한국사, 영어, 형법, 형사소송법, 행정법, 헌법을 필수적으로 응시해야합니다. 다만, 영어 시험을 공인영어성적으로 대체할 수 있어서 개인적으로는 크게 부담을 덜었다고 생각합니다.

문 : 수험기간은 얼마나 되었으며 어떤 방법으로 공부했나요?

답 : 저는 2019년 10월부터 2020년 9월까지 약 1년 동안 독서실에서 인터넷 강의로 공부했습니다. 공무원 시험은 기출이 중요하다고 하지만, 법 과목의 경우는 기본개념이 탄탄해야 한다고 생각해서 기초공사에 시간을 많이 쏟았던 것 같습니다. 특히, 검찰에서 일하면서 평생 안고 가야할 형법과 형사소송법에 큰 비중을 두고 재미를 붙이려고 노력했습니다. 제 공부방법이 그리 효율적이지는 않아서 말씀드리기 부끄럽지만, 6과목을 하루에 3과목씩 격일로 돌리면서 기본개념과 기출을 무한 반복했습니다. 그리고 제가 시간 관리에 약했던 터라 시험 한 달 전부터는 실제 시험 보는 시간에 맞춰서 아침 모의고사를 풀며 연습을 했는데, 실전에서 큰 도움이 되었습니다.

문 : 수험생에게 조언해 줄 합격 팁이 있다면?

답 : 합격 팁에는 효과적인 공부법도 있지만, 체력과 멘탈 관리가 더 중요한 부분이라고 생각합니다. 저는 수험생활 동안 운동을 거의 못했는데, 시험이 다가올수록 점점 체력이 떨어져서 힘들

었습니다. 공부만 해도 바쁜 수험생활이지만, 스트레칭이나 산책 등 잠시나마 몸을 움직이는 시간을 가지는 걸 추천합니다. 또한, 정신적으로 많이 힘든 시기인 만큼 자기만의 스트레스 해소법이 반드시 필요합니다. 열심히 달려온 나에게 상을 준다는 마음으로 일주일에 하루를 정해 쉬는 것도 좋은 방법입니다. 무엇보다 동기부여를 확실히 해놓는 것이 중요합니다. 내가 왜 검찰직에 지원하려고 하는지, 왜 이렇게 공부를 해야 하는지를 분명히 안다면 흔들리더라도 금방 다시 중심을 잡을 수 있습니다.

문 : 검찰직을 지원한 특별한 동기나 계기가 있나요?

답 : 저는 어릴 때부터 늘 '내 이름대로 살고 싶다'는 생각을 해왔습니다. 그리고 대학에서 법을 전공하며 형법에 큰 흥미를 느끼게 되었고, 내가 공부한 법을 도구로 다른 사람들을 실제적으로 돕고 싶었습니다. 그러던 중, 보다 전문적으로 법률을 다루고 피해자들을 지원하는 검찰에 매력을 느꼈고, 바로 수사업무에 투입되는 검찰 7급에 도전하게 되었습니다.

문 : 검찰직을 지원하는 사람들에게 하고 싶은 말은?

답 : 저는 특별히 검찰직 7급을 준비하는 분들께 꼭 말씀드리고 싶은 것이 있는데요. 많은 분들이 검찰 7급의 높은 경쟁률과 소수 직렬이라는 점, 부족한 정보 등으로 망설인다고 알고 있습니다. 하지만, 저는 '내가 진짜 하고 싶은 일이 무엇이고 또 왜 이 일을 해야 하는지'를 먼저 아는 것이 가장 중요하다고 생각합니다. 그리고 이 질문에 대해 스스로가 명확히 답할 수 있고, 그 목표점이 일치한다면 이제부터는 '할까 말까'가 아니라 '어떻게 잘 할 것인가'를 고민할 단계입니다. 소수 직렬이기에 더 도전할

가치가 있고, 또 '누군가 해냈다면 나도 할 수 있다'는 마음으로 임하셨으면 좋겠습니다. 검찰직에 지원하시는 모든 분들을 진심으로 응원합니다!!!

문 : 추가로 하고 싶은 말이 있다면?

답 : 사실 아직까지 '검찰수사관'이 누구고 어떤 일을 하는지 모르는 사람들이 많은 것 같습니다. 그래서 이 책을 계기로 검찰직을 지원하는 사람들을 포함하여 모든 국민들이 검찰수사관에 대해 바로 알고 궁금증을 해결할 수 있는 기회가 되었으면 좋겠습니다. 부족한 저의 인터뷰를 읽어주셔서 감사하고, 특히, 검찰직을 준비하시는 분들에게 조금이나마 도움이 되길 바랍니다. 감사합니다.

03 9급 공채시험

○ 9급 공채시험
- 합격인원 170~361명, 1차·2차(병합실시), 3차(면접)시험으로 구성
- 2022년부터 시험과목 변경(형법·형소법 필수)

최근 5년간 9급 공채 선발인원은 170명~361명 사이이다. 경쟁률은 40대 1을 넘으니, 2개 교실 수험생 중 1명이 합격하는 비율이다.

〈최근 5년간 검찰직 9급 합격자 현황〉

연도	합격인원	출원자	응시자	여성 합격자
2020	170	10,726	7,702	101
2019	250	12,031	9,216	148
2018	287	12,032	8,848	186
2017	361	17,683	12,694	218
2016	340	19,139	13,172	213

9급 공채는 제1차·2차 시험은 선택형 필기(병합실시), 제3차 시험은 면접으로 이루어져 있다.

〈2021년 9급 공채 시험과목〉

1차·2차 시험(병합실시)	3차 시험
필수과목(3) 국어, 영어, 한국사 선택과목(2) 형법, 형사소송법, 사회, 과학, 수학, 행정학개론	면접

참고로 2022년부터는 9급 공채의 시험과목이 변경된다. 선택 과목 중에 있던 고교과목(사회, 수학, 과학)이 폐지되어, 선택과목 없이 국어, 영어, 한국사, 형법, 형사소송법으로 구성된다.

〈현직 인터뷰 ③ : 2020년 9급 공채 합격자〉

이○윤(부산지검 동부지청)

문 : 2020년 시험 합격 이후 2021년 5월 현재까지 어떻게 지내고 있나요?

답 : 2020년 11월에 인사혁신처의 최종합격 발표가 있었고, 2020년 12월에 대검으로부터 수습근무여부 및 근무 희망 청 파악이 있었습니다. 저는 거주지가 부산이라 1지망 부산지방검찰청, 2지망 부산 동부지청을 신청했습니다. 2021년 1월 11일부터 부산 동부지청 집행과 재산형집행팀에서 실무수습을 하였고, 2021년 3월~4월에는 충북 진천의 법무연수원에서 3주간의 검찰

신규자과정 교육을 받았습니다. 현재는 집행과에서 사건과로 순환배치를 받아 사건과 전산실에서 수습 근무 중입니다. 정식 임용에 관해서 이번에는 1차와 2차로 정식발령이 나뉘었고 저는 2차 정식발령 때 임용될 예정으로 알고 있습니다.

문 : 집행과와 사건과에서 수습수사관으로 근무하면서 주로 하는 일은 무엇인가요?

답 : 집행과의 재산형집행팀은 확정된 벌과금에 대한 집행 및 벌금 미납자 검거 업무를 하는 곳이었습니다. 그중 저는 주로 벌과금 조정업무 보조를 하였습니다. 조정업무는 구공판, 약식, 과태료, 즉결 벌과금에 대해 징제번호를 부여하는 일이었고, 재산형집행 업무의 시작이라고 할 수 있는 업무였습니다. 또한 벌금미납자 검거와 민원응대 업무도 해보면서 전반적인 재산형집행팀의 업무를 배울 수 있었습니다.

현재 제가 소속되어 있는 사건과 전산실은 우리 청에 접수되는 송치와 불송치 사건들에 대한 전산수리 업무를 하는 곳입니다. 경찰서에서 온 기록에 대한 검토와 전산에 입력되지 않은 정보 입력 업무를 하고 있습니다.

문 : 몇 개월 간 검찰청을 경험한 소감은 어떤가요?

답 : 아직 검찰청을 경험한 기간이 길진 않지만 몇 달 간의 소감을 말씀드리자면, 무엇보다 선후배 관계 및 직원들 간의 관계가 매우 끈끈하다는 점이 좋았습니다. 평소에도 사람들과 어울리는 것을 좋아하다보니 상사와 선배님께서 잘 챙겨주시는 분위기가 좋았고 식사자리도 자주 가졌습니다. 다만, 현재는 코로나 상황으로 인해 많은 분들을 뵐 수 없는 것이 아쉽습니다.

업무적으로는 본인이 맡은 단위업무에 대해 충분한 지식을 가지고, 일을 해야 한다는 것을 느꼈습니다. 검찰청 업무가 피의자와 피고인의 권리를 제한할 수밖에 없는 일이다 보니 항상 꼼꼼한 일처리가 필요하였고, 그러기 위해서 업무와 관련된 법령, 규칙에 대한 숙지는 필수라고 생각하였습니다.

문 : 밖에서 생각한 검찰과 안에서 직접 경험해본 검찰은 차이가 있나요?

답 : 흔히 검찰청이라고 하면 딱딱하고 경직된 이미지가 떠오를 것 같습니다. 저 또한 검찰 조직에 들어오기 전에는 막연히 그렇게 생각했습니다. 그러나 직접 경험해본 검찰은 따뜻한 부분도 많았습니다. 면접 준비를 위해 조사하면서도, 검찰은 범죄사실에 대한 수사와 기소 뿐 아니라 피해자에 대한 지원도 하고 있다는 부분에서 약자에게는 따뜻한 조직이라는 것을 느꼈습니다. 내부적으로도 조직 구성원들 간의 관계도 끈끈하고, 위계질서가 있지만 상호간의 존중과 존경을 바탕으로 운영되는 점도 좋았습니다.

문 : 수습기간 중 혹시 기억에 남는 일이 있다면 무엇인가요?

답 : 수습기간 중 여러 가지 일이 있었지만, 아무래도 사무실 안에서 한 업무 보다 사무실 밖으로 나가서 벌금미납자를 검거한 업무가 기억에 남습니다. 당시 조정 업무만 하다 보니 그 이후의 업무에 대한 감이 잘 잡히지 않았었는데 검거를 나가보니 수배, 형집행장, 노역장 유치와 같은 업무도 가까이서 배울 수 있어서 좋았습니다.

문 : 2020년 시험에 응시한 과목은 무엇이었나요?

답 : 저는 필수과목 국어, 영어, 한국사와 선택과목 형법, 형사소송법을 응시하였습니다. 몇 달간 실무수습을 하면서 느낀 점은 형법과 형사소송법을 전혀 모른 채로 근무를 했다면 업무를 배우는 데에 어려움이 있었을 것 같다는 점입니다. 형사절차에 대해 어느 정도 숙지를 하고 실무수습을 하여서 지금 하고 있는 업무가 어떤 의미를 가지는지, 형사절차상 어떤 부분에 해당하는지 이해하기 수월했습니다.

문 : 수험기간은 얼마나 되었으며 어떤 방법으로 공부했나요?

답 : 저는 2019년 9월 말에 공부를 시작해서 2020년 7월 시험까지 9개월 조금 넘는 기간 동안 공부를 하였습니다. 공무원 시험의 경향이 단순 암기를 요하는 시험에서 사고력을 요하는 시험으로 바뀌고 있다고는 하지만, 저는 아직까진 암기 위주라고 생각이 들었습니다. 그래서 인터넷 강의를 수강하며 강사들이 강조하시는 부분과 기출문제를 보며 자주 출제되는 부분들을 중심으로 최대한 반복하여 암기하였습니다. 시험이 가까워지는 때부터는 100분 동안 100문제를 푸는 연습을 꾸준히 하였고 약점을 보완하는 시간을 가졌습니다.

문 : 수험생에게 조언해 줄 합격 팁이 있다면?

답 : 앞에서 말했듯 암기 위주의 공무원 시험을 준비하려면 반복해서 공부하는 것이 중요한 것 같습니다. 개개인 마다 하루에 할 수 있는 분량이 다르고 공부 방식이 다르기 때문에 꾸준한 공부를 위한 구체적인 팁을 드리기는 어렵겠지만 한 가지는 확실하다고 생각합니다. 확고한 의지를 가지고 자신과의 약속은 꼭 지키는 것입니다. 저는 어떤 일이 있어도 하루 계획 중 공부 시작 시간과

하루 분량은 무조건 지켰습니다. 누군가가 강제 하지 않고 공부하라고 억지로 떠밀지 않아도 스스로 세운 계획을 반드시 지켜서 공부하라는 것이 합격을 위한 가장 중요한 팁이라고 생각합니다.

문 : 검찰직을 지원한 특별한 동기나 계기가 있나요?

답 : 저는 예전부터 제 주변에 긍정적인 영향을 주고 싶다는 생각을 갖고 살았습니다. 조금 거창할 수 있지만 제 인생관이라고도 할 수 있습니다. 또한, 평소에 법학에 흥미를 가지고 있었고, 제 가치관과 흥미 모두를 충족시킬 수 있는 일은 수사기관에 들어가는 것이라고 생각했습니다. 저는 다른 수사기관보다 검찰이 좀 더 깊고 전문적인 수사를 한다고 생각하여 검찰수사관이라는 직업에 관심을 가지고 지원하게 되었습니다.

문 : 검찰직을 지원하는 사람들에게 하고 싶은 말은?

답 : 제가 살면서 겪은 일도 크게 많지 않고, 검찰 조직에 속해있던 시간도 길지는 않아서 도움이 되는 말씀보다는 응원의 말씀을 드리고 싶습니다. 저도 공부를 할 때 게을러지는 때가 있었고 그럴 때마다 처음 시작하던 마음을 되새겼습니다. 공부 뿐 아니라 무엇이든 초심 그대로를 지키려는 의지만 있다면 다 해낼 수 있다고 생각합니다. 현재 코로나 상황으로 수험생활이 쉽지 않겠지만, 무엇을 위해 공부를 하는지 되새기며 공부하길 바랍니다. 꼭 합격하길 기원합니다. 꼭 검찰수사관 일원이 되어 검찰청 조직에서 뵙기를 희망합니다.

문 : 추가로 하고 싶은 말이 있다면?

검찰수사관은 무슨일을 하나요? • • •

답 : 저는 필기시험과 면접 준비를 하며 수많은 합격수기와 검찰수사관에 대한 서적을 찾아봤었고 인터넷을 통해 합격자 인터뷰도 많이 보았습니다. 그땐 합격 후에 현직자로서 일을 한다는 것이 먼 일인 것만 같았는데 제가 그 인터뷰의 대상이 되어있다는 것이 새롭습니다. 검찰직 시험을 준비하시는 모든 분들께 작게나마 동기부여가 되고, 제 글이 응원이 되었으면 좋겠습니다.

04 시험 합격 후 임용 前 절차

> ○ 9급·7급은 정규임용 前 채용후보자 자격으로 각급 검찰청에서 수습수사관 근무
> ○ 5급은 인사혁신처 주관의 별도 시보공무원으로 근무 後 검사실에서 수습근무

검찰직 9급·7급 공채시험에 합격하면 공무원으로 정규 임용을 받기 전에 채용후보자로서 각급 검찰청에서 수습수사관으로 근무한다. 수습기간은 짧게는 3개월에서 길게는 6개월을 넘는 경우도 있다. 수습기간에도 일정액의 급여는 지급된다. 검찰직 5급 공채시험 합격자는 인사혁신처 주관으로 별도의 교육과정을 이수한다.

예컨대, A가 2020년 8월경에 9급 공채시험에 합격하였다면, 대검찰청 운영지원과는 2~3개월 후 수습근무 희망 청을 파악한다. A는 청주에 거주하고 있어서 1지망을 청주지검, 2지망을 대전지검, 3지망을 대전지검 천안지청으로 지원했다. 대검 운영지원과는 가급적 A의 수습근무지를 청주지검으로 배정하려고 노력하지만, 희망지가 경합 할 경우에 시험성적과 주거지 등 여러 가지 요소를 고려하기 때문에 2지망 또는 3지망으로 배정될 수도 있다.

대검 운영지원과가 A의 수습 청을 청주지검으로 배정하면, 청주지검 총무과는 A의 수습부서를 결정한다. 통상 사무국 소속 부서인 총무과, 사건과, 집행과 중 한 부서에서 수습을 한다. A는 정식 공무원이 아니므로 단위업무는 배정받지 않고, 업무 보조로서 근무를 한다.

A는 청주지검 집행과에서 수습근무를 하던 중 법무연수원에서 시행하는 '검찰신규자과정' 교육에 참여한다. 교육기간은 보통 3주 또는 그 이상의 기간이다. A는 교육과정을 통해 공무원으로서의 기본자세와 소양을 갖추고, 검찰구성원으로 신속하게 적응하게 된다.

A는 법무연수원 교육과정 수료 후 일정기간이 지나면 '검찰서기보'로 정식 임용이 된다. 7급 공채 합격자의 정규임용 과정도 9급 공채 합격자의 경우와 유사하다.

참고로, 2021년 9급 공채시험 합격자는 각급 검찰청에서의 채용후보자 수습과정을 거치지 않고, 법무연수원의 신규자교육 과정을 이수하고 있다.

첫 발령

> ○ 수습수사관은
> - 수습기간이 지나면 정규임용, 첫 발령 청은 가급적 희망지 배치
> - 9급은 주로 총무과·사건과·집행과, 7급과 5급은 주로 수사부서

9급·7급·5급 수습수사관은 수습기간이 지나면 발령장을 받고 정규 검찰공무원으로 임용이 된다. 첫 발령 청은 본인의 근무 희망지를 우선적으로 고려한다. 하지만, 각 청별 인력사정 때문에 본인 희망을 모두 반영해 줄 수는 없다. 예컨대, A지방검찰청의 9급 결원이 5명인데, 7명이 근무희망을 했다면 2명은 어쩔 수 없이 다른 검찰청으로 배치를 해야 한다.

최초 임용 수사관의 첫 발령 청이 결정이 되면, 해당 청에서 발령부서를 배치한다. 9급 수사관은 주로 사무국 소속 총무과·사건과·집행과로 배치된다. 7급 수사관은 수사부서인 수사과·조사과 또는 검사실로 배치된다. 5급 수사관은 수사과·조사과의 호실 책임자(1호 수사관실 등)로 배치되는데, 청별 사정에 따라 이러한 기준은 변경되는 사례도 있다.

검찰수사관은 무슨일을 하나요?

　예컨대, 9급 수사관 A는 B검찰청 총무과로 첫 발령을 받았다. 총무과에서 맡게 될 단위업무는 '복무'이다. '복무'는 B검찰청 소속 직원들의 휴가, 휴직, 병가, 시간외 근무사항, 직원의 출·퇴근 점검과 같은 일을 담당한다. '복무'라는 단위업무에 대해 걱정할 필요는 없다. 검찰청에는 각 단위업무를 수행할 때 참고해야 할 '직무기술서'가 잘 갖추어져 있다.

06 첫 발령 이후 인사이동

> ○ 첫 발령 이후 인사이동
> - 9급 수사관은 첫 발령 보직을 통상 1년간 수행, 그 후 1년 단위로 이동
> - 7급·5급은 첫 발령 보직을 1년 6개월 수행하고 다음 보직 이동

9급 검찰수사관이 첫 발령과 함께 보직을 받게 되면, 통상 1년 정도 같은 일을 한다. 1년이 지나면 같은 검찰청 내의 다른 부서에서 일을 하거나 같은 부서에서 다른 업무를 담당하며 다양한 업무를 습득하는 과정을 밟게 된다.

7급 검찰수사관이 첫 발령과 함께 보직을 받게 되면, 통상 수사부서(수사과·조사과, 검사실)에서 근무하게 되므로 2년 이상 수사업무를 담당한다. 5급 검찰수사관은 1년 6개월 주기로 수사부서와 행정부서에서 근무한다. 참고로 검찰수사관 인사는 5급 이상 인사, 6급 이하 인사로 나뉘어 1년에 2회(상반기·하반기) 실시한다.

하지만, 이와 같은 인사는 예외가 있다. 본인이 동일 업무를 계속 수행하기를 희망하는 경우 또는 적성에 맞지 않는 등의 사유로 다른 업무를 희망하는 경우에는 받아들여지기도 한다.

07 9급~8급 근무부서

> ○ 9급·8급의 근무부서는 주로 사무국 소속 과에서 근무
> ○ 8급 경력이 쌓이면 수사부서 근무가 시작되고, 대검 기획부서 근무 기회부여

9급~8급의 주요 근무부서는 사무국 소속 검찰행정업무 부서이다. 간혹, 검사실 등 수사부서 업무를 담당하는 경우도 있다. 사무국 소속 검찰행정부서는 총무과, 사건과, 집행과가 있다.

9급 재직기간 중에 3~4개의 단위업무를 수행하다 보면 8급으로 승진한다. 8급으로 승진하여도 사무국 소속 업무를 담당하는 경우가 많다. 하지만, 일반 행정기관의 행정업무와는 다소 차이가 있다. 예컨대, 사건과의 업무는 사건 수리 및 배당, 변사, 재기, 항고, 재정신청, 지명수배 입력·해제와 같은 업무로써 행정업무라기보다는 수사지원 업무이다.

이런 업무는 향후 승진하여 수사부서에 근무할 때 도움이 된다. 집행과 업무 역시 벌과금 조정, 벌과금 납부 독촉전화, 벌금 미납자검거, 노역장 유치 등 형 집행업무를 실제로 수행한다.

8급으로 승진하여 경력을 쌓은 일부 수사관은 수사과·조사과 또는 검사실에서 수사업무를 담당한다. 하지만, 검찰행정 업무

또한 중요한 업무이고, 많은 인력이 필요해서 8급 중 일부만이 수사부서로 배치된다.

9급에서 8급으로 승진한 일부 수사관은 대검 기획부서에서 일할 수 있는 기회를 얻는다. 대검찰청에는 운영지원과, 복지후생과, 정책기획과, 집행과와 같은 여러 부서가 있고, 각 부서에는 8급~6급 수사관 다수가 근무한다.

대검 기획부서는 일선 검찰청에서 업무능력과 평판이 우수한 수사관을 선발한다. 이때 가장 중요한 것은 함께 근무한 동료, 선배의 평가와 추천이다. 일 잘하고, 대인관계가 원만하다는 평가를 받으면 대검근무의 기회가 열린다.

〈현직 인터뷰 ④ : 대검근무 수사관〉

검찰8급 김○섭(대검찰청 인권감독담당관실)

문 : 본인의 검찰 경력 소개를 부탁해요.

답 : 2017년 검찰 9급 공채에 합격하여, 2017년 12월부터 검찰청 수습수사관으로 근무했고, 2018년 6월에 9급 검찰수사관으로 정식발령을 받아 서울중앙지검 기록관리과에서 첫 근무를 하였습니다. 이후 같은 검찰청 총무부에서 약 1년 동안 기획 업무

지원을, 총무과에서 1년 동안 특별사법경찰관리 지명 업무·사무 감사 준비 업무를 담당하였습니다. 2021년 2월 8급으로 승진하여 현재 대검찰청 인권감독담당관실에서 근무하고 있습니다.

문 : 2020년 6월 9급으로 신규임용된지, 2년 8개월만에 8급으로 승진하였는데 동기들 중에서 승진이 빠른 편인가요?

답 : 2017년 공채동기가 약 360명 정도입니다. 저는 운이 좋게도 동기 중에서 늦지 않게 승진하였습니다. 제가 승진할 때 약 20명 정도가 함께 승진한 것으로 알고 있습니다.

문 : 공채동기들과 함께하는 자리가 많은가요?

답 : 각 청에서 함께 근무하는 동기들은 일주일에 한번은 점심모임을 정기적으로 갖습니다. 이런 자리는 모든 청에서 하는 걸로 알고 있습니다. 또한, 친한 동기들끼리 등산을 가거나 여행을 가기도 하고, 계모임처럼 여행 자금을 모아 해외여행을 함께 가는 동기들도 있다고 들었습니다.

문 : 선배나 후배들과의 저녁모임은 많은가요?

답 : 예전에는 함께 근무한 부서 선배들이 저녁을 사주는 모임이 많았습니다. 또한, 함께 근무한 후배들에게는 제가 저녁을 대접하기도 하고요. 하지만, 요즘은 코로나 상황이 심각해져서 자리가 뜸하기도 합니다. 요즘에는 단순히 저녁 자리 외에도 문화공연을 함께 보거나, 볼링 등 다양한 방식의 회식문화도 늘어난 추세입니다.

문 : 현재 근무하고 있는 부서는 어떤 일을 하나요?

답 : 검찰은 수사·공판·형 집행의 주체이기도 하지만 인권보호 기관으로서의 역할도 중요합니다. 실체적 진실의 발견도 법령으로 정해진 형사사법절차를 초월할 수는 없기 때문입니다. 제가 근무하고 있는 부서는 이러한 검찰의 인권보호 업무를 지원하기 위하여 가이드라인을 설정하고 검찰 인권 업무 추진 현황을 점검하고 있습니다.

문 : 기획부서인 대검찰청과 일선 청인 지방검찰청을 모두 근무하였는데, 특별한 차이점이 있는가요?

답 : 우선, 가장 큰 차이는 관점인 것 같습니다. 지방검찰청에서 근무할 때에는 접수 및 처리 등 '정량적'지표로 평가되는 업무였다면, 대검에서는 법령 및 지침의 제·개정, 회의를 통한 건의사항 취합 및 제도개선 반영 등 '정성적'지표로 평가되는 업무를 주로 담당하고 있습니다.

문 : 4년 정도 검찰에서 근무하였는데 지금까지 검찰청을 경험한 소감은 어떤가요?

답 : 검찰청에서 근무하기 전까지는 검찰을 단순히 '수사기관'으로만 생각했었는데, 검찰청 안에는 수사 외에도 많은 업무가 존재하는 것을 알게 되었습니다. 예를 들자면, 재판의 준비라거나 수사기록의 관리, 행정업무 등 다양한 업무가 있습니다. 물론 아직 경험이 부족하여 많은 업무를 담당해보지는 못했지만, 기회가 된다면 더 다양한 분야에서 경험을 쌓아보고 싶습니다.

문 : 현재 거주는 어떻게 하고 있나요?

답 : 문래동에 있는 '카튼빌'이라는 독신자 숙소에서 거주하고 있습니다.

2인 1실인데 시설도 괜찮습니다. 저는 본가가 지방이어서 신청하였는데 운 좋게 입주하였습니다. 서울에는 카튼빌 이외에 문정동에 '라온빌'이라는 독신자 숙소가 더 있습니다.

문 : 추가로 더 하고 싶은 말은?

답 : 개인적으로 범죄물 영화를 좋아하는데 검찰이 나올 때마다 검찰수사관(또는 계장)으로 나오는 역할에 대해서는 비중이 크다거나 긍정적인 모습으로 그려지는 경우는 드문 것 같습니다. 물론, 검찰수사관이라는 직업이 대중에게 크게 알려진 것도 아니고, 스토리상 중요한 부분을 차지하지 않기 때문에 그럴 수도 있지만, 앞으로는 좀 더 사회 정의를 실현하기 위해 보이지 않는 곳에서 노력하고 있는 모습도 보여주어 많은 사람들에게 검찰수사관이라는 직업이 긍정적으로 다가갈 수 있었으면 좋겠습니다.

〈현직 인터뷰 ⑤ : 검사실 근무 8급 수사관〉

검찰8급 이○연(서울남부지검 금융조사 제1부)

문 : 본인의 검찰 경력 소개를 부탁해요.

답 : 저는 2016년 검찰 9급 공채에 합격하여, 2016년 10월 진천 법무연수원에서 교육 및 서울남부지검에서 수습 후 2017년 1월 서울중앙지검 기록관리과에 정식발령을 받아 첫 근무를 하였

습니다. 이후 8급으로 승진하여 2018년 1월 서울남부지검 증권범죄합동수사단에서 근무하였는데, 합동수사단에 필요한 자금추적 등에 대한 업무 역량이 부족하다는 것을 느끼고 대검 반부패·강력부에서 금융거래추적 전문수사관 교육을 받았고, 이후 서울중앙지검 조세범죄수사부에서 자금추적 업무를 하던 중 임신 및 출산으로 육아휴직 하였으며, 2021년 1월 서울남부지검 조사과에 복직하여 근무하다가 같은 해 2월부터 금융조사 제1부에서 근무하고 있습니다.

문 : 검사실에서 담당하고 있는 업무를 간략히 소개하면?

답 : 금융조사부는 금융 사건에 대한 조사를 하는 곳입니다. 각 검사실은 검사, 수사관, 실무관 등 검찰 직원 뿐 아니라, 관련 기관(금융감독원, 한국거래소, 금융위원회, 국세청, 예금보험공사 등)에서 파견 나온 직원(보통 '반장님'이라고 합니다.)으로 구성되어 있습니다. 저희 검사실은 검사님, 계장님(6급), 저, 실무관님 등 4명과 파견 반장님 2명 등 총 6명이 근무합니다. 보통 각자의 역할에 따라 업무를 하는데, 수사 업무의 특성상 진행되는 사건에 따라 담당 업무는 유동적입니다. 제가 주로 하는 일은 사건과 관련된 계좌 추적 등 자료 분석 및 수사보고서 작성, 참고인 또는 피의자 조사, 계좌 및 압수수색 등 각종 영장 집행, 통신사실 조회 등 수사 관련 업무입니다. 다만, 조사 및 조서 작성의 경우, 오랜 기간 숙련된 노련한 경험이 필요하기 때문에, 중요 피의자들에 대한 조사는 계장님이 하시고, 저는 보통 참고인 및 다소 비중이 낮은 피의자 조사를 담당하고 있는데, 검사님이나 계장님이 조사하시는 것을 주의 깊게 듣고 이후 작성된 조서를 확인하는 것은 수사관으로서 수사 능력을 배양

하는데 큰 도움이 됩니다.

문 : 검사실에서 피의자 또는 참고인 등 사건관계인을 조사할 때 변호인 참여는 얼마나 되나요?

답 : 금융조사부의 경우, 범죄 특성상 피의자나 참고인이 대부분 고학력자이고, 경제적 여유가 있기 때문에 주로 변호인이 동석합니다. 대개 동석하는 변호인은 조사 중 수사관의 질문이나 피의자나 참고인의 답변 중 중요한 내용을 메모하는 등의 형식으로 피의자나 참고인과 관련된 쟁점 사항 및 수사팀의 수사 진행 상황 등을 파악합니다.

문 : 육아를 병행하는 여성 수사관 입장에서 힘든 부분과 개선해야 할 부분이 있다면?

답 : 저는 자녀들의 어린이집 하원으로 인하여 오후 2시간을 육아시간으로 사용하고 있습니다. 사실 복직하면서 육아시간 사용이 굉장히 걱정되는 문제였는데, 부장님, 검사님, 계장님 및 실무관님 등이 저의 상황을 이해해 주시고, 배려해 주셔서 육아시간을 사용하고 있습니다. 또한, 저희 지검(서울남부지검)은 당직전담반이 있어서, 당직 업무는 주말 일직만 담당하여, 육아를 하는데 당직이 부담 되지 않습니다. 그러나 당직전담반이 없는 경우, 제 생각에 검찰 업무 중 육아에 가장 힘든 것은 당직 업무가 되지 않을까 합니다. 특히, 검찰 내 부부 수사관일 경우 더 어려움이 클 것 같습니다. 말도 통하지 않는 아기들이 한밤중에 울면 혼자 대처하기가 정말 어렵습니다. 층간 소음으로 민원이 오기도 합니다.

문 : 육아시간을 사용하여도 검사실 업무에 지장은 없나요?

답 : 검사실은 팀플레이를 하는 곳이므로 아주 지장이 없다고 할 수는 없습니다. 특히, 압수수색영장 집행 등과 같이 긴급한 처리를 위해 출퇴근 시간을 달리 해야 하는 경우도 있고, 보고서 등을 신속하게 작성해야 하는 경우도 있습니다. 그래서 저는 보통 7시 20분쯤 출근하거나 부족한 경우 주말 중 하루 출근하여 기록을 확인하고 수사 자료를 분석하거나 이에 대한 보고서 등을 작성하여 사건 처리가 원활하게 진행되도록 노력하고 있습니다. 사실 예전에는 출근한 뒤 잠시 인터넷을 보거나 메신저로 대화를 하기도 하였는데, 지금은 육아시간 사용으로 퇴근시간이 정해져 있기도 하지만, 요즘 같은 코로나 시국에 어린 아이들을 어린이집에 맡기고 일하러 왔고, 많은 배려를 받고 있으니, 그만큼 더 열심히 일해야겠다는 생각이 들어 업무에 집중하게 되었습니다. 예전 '숙제형 공무원'에서 '자기주도형 공무원'으로 변한 것을 보면 육아시간 사용에 긍정적인 부분이 더 큰 것 같습니다.

문 : 약 5년간 검찰수사관 생활을 하면서 느낀 점이 있다면?

답 : 저는 검찰 수사관이 되기 전 국가직 7급 공채로 노동부에서 5년 6개월 간 근로감독관으로 근무하였습니다. 일반행정직 공무원과 검찰직 공무원은 모두 공무원으로서 청렴하고, 민원인에게 친절히 응대하며, 맡은 일을 성실히 처리하고자 노력합니다. 다만, 검찰 수사관은 업무 특성상 사건의 실체를 주체적으로 파악하고 혐의 유무를 명확히 가려내야 하며, 개인보다 공동으로 처리해야 하는 경우가 많기 때문에 높은 전문성, 사명감, 공동체 의식 등은 물론 책임감과 주인의식이 더욱 요구된다고 생각합니다. 특히,

검사실의 경우, '멘토-멘티 체제'로 선배 계장님이 후배 수사관에게 업무노하우를 알려주거나 혹은 후배 수사관이 선배 계장님의 업무 방식을 보고 배우는 업무 전수 방식이 있습니다. 수사 업무는 전문성을 요하는 분야로 그 특성상 교육 및 자기 노력으로는 한계가 있습니다. 최근 일반 사기업 뿐 아니라 공직 사회 역시 업무노하우를 알려주는 분위기는 별로 남아 있지 않습니다. 저는 검찰에 근무하면서 나이나 직급과 상관없이 담당 사건 및 업무에 최선을 다하는 선배님, 계장님 및 실무관님들을 보고 많이 배웠고 배우고 있습니다.

문 : 추가로 더 할 말이 있나요?

답 : 서울남부지검 조사과에 근무할 당시, 사무관님이 '우리가 하는 모든 것이 추억을 만드는 것이다.'라고 하셨는데, 저는 그 말씀이 기억에 가장 많이 남습니다. 보통 인생을 긴 마라톤에 비유합니다. 정해진 코스는 없지만 각자 자기 인생에 대하여 그만의 목표를 가지고 열심히 달리고 있기 때문에 마라톤으로 비유하는 것 같습니다. 검찰직은 나이가 들어서도 담당 업무를 게을리 하기 어려운 직렬입니다. 그러나 동시에 경험을 쌓을수록 노하우가 생기는 전문적인 영역입니다. 공직 생활을 즐겁고 유쾌한 추억이 되도록 일과 가정 사이의 균형감과 이를 뒷받침해 줄 수 있는 업무 환경도 중요하지만, 제 생각에 가장 중요한 것은 본인이 스트레스를 해소할 수 있는 방법을 하나 이상 찾아 업무 긴장감이 쌓이지 않도록 하는 것입니다. 첫 발령에 두근두근 설레던 마음으로 매일을 보낼 수는 없겠지만, 경쾌하고 명랑하게 근무할 수 있는 원동력이 될 것이라 생각합니다.

7급~6급 근무부서

> ○ 7급·6급은 검찰수사의 핵심인력으로 수사부서에 주로 근무
> ○ 6급 고경력 수사관은 사무국 소속 과에서 계장으로 근무

검찰수사관은 7급이 되면 주로 검사실, 수사과, 조사과에서 근무한다. 수사부서 근무는 6급까지 이어진다. 8·9급 수사관 때 익힌 검찰경력을 토대로 수사역량을 마음껏 발휘하게 된다.

7급·6급은 검찰수사관 핵심인력이다. 검찰수사 실무의 대부분을 이들이 담당하므로 수사의 중추라고 할 수 있다. 따라서 검찰수사관 수사역량 평가는 이들에 대한 평가와 궤를 같이 한다. 어떤 사람은 검찰근무의 꽃은 계장 시절(7급~6급)이라고 말한다. 검찰조직의 허리와 같은 역할을 하며 수사 역량을 꽃피우는 시기이다. 체력적으로 가장 힘든 시기이기도 하지만 가장 큰 영향력을 발휘할 수 있는 시기이기도 하다.

검찰수사관은 7급~6급 기간 중 적어도 10년 이상을 수사부서에서 근무하는 경우가 많다. 수사는 엄청난 체력소모를 가져오는 일이다. 오랫동안 수사부서에 몸담은 수사관들은 몸과 마음이 '번아웃' 되었다고 호소하는 경우도 있다.

검찰수사관은 무슨일을 하나요? •••

　　6급 고경력 수사관이 되면 사무국 소속 총무과, 사건과, 집행과의 계장(팀장)으로 근무할 수 있다. 계장은 직접 단위업무 일부를 맡으면서 팀원들의 업무를 지도하는 역할을 수행한다.

　　7급·6급 수사관 대부분은 수사부서에 근무하지만 일부는 법무부, 법무연수원, 대검찰청의 기획부서에서 근무하기도 한다.

〈현직 인터뷰 ⑥ : 검사실 근무〉

검찰6급 신○경(대전지검 공공·반부패범죄전담부)

문 : 본인 소개를 부탁해요.

답 : 2001년 검찰직 9급 공채로 합격하여, 2002년 5월 신규 임용 발령을 받았습니다. 의정부지검 – 인천지검 – 법무연수원 – 수원지검 – 성남지청 – 대검찰청 – 법무부 – 수원지검 – 대전지검 등 지금까지 검찰청 등 9곳에서 근무하였습니다.

문 : 법무연수원, 대검찰청, 법무부에 근무할 때 담당한 업무는 무엇인가요?

답 : 법무연수원에서는 검사 교육 진행을 주로 했고, 대검찰청에서는 학술지 발간 및 수사관 비전 TF 운영 등의 업무를 했습니다. 법무부에서는 국무(차관) 회의 및 법령 자문 관련 행정 업무를 담당했습니다. 검찰청에서는 경험하지 못하는 다양한 행정 경험을

할 수 있는 기회가 주어진 것에 대해 감사하게 생각합니다.

문 : 동기에 비해 행정 경험이 다소 많을 것 같은데 그럼 수사 경력은 얼마나 되나요?

답 : 전체 근무 기간 19년 중 수사경력은 6년 정도 됩니다. 제 동기 중에는 10년 이상 수사업무를 한 분도 꽤 있습니다. 수사경력이 많은 편은 아니지만 수사를 못한다는 평을 듣지는 않았던 것 같고, 형사부와 인지부서에서 다양한 수사를 해 보았습니다. 200쪽도 안 되는 기록을 받아 수 천 페이지 기록을 만들면서 10명 이상 인지한 적도 있습니다. 직구속, 인지 등도 여러 번 했고, 인지부서에서 근무하면서 대검에서 하달된 첩보를 바탕으로 직접 수사를 한 경험도 있습니다.

문 : 검사실 수사관은 어떤 일을 하고 있나요

답 : 청별 또는 부서별 업무의 양은 다를 수 있어도 하는 일은 비슷합니다. 그런데 사회적 이목이 집중되는 사건 등을 맡게 되는 경우 일이 엄청 많을 수 있습니다. 또한, 고소(고발) 사건과 인지 사건 등 사건 단서와 유형에 따라 수사 방법 등의 차이는 있지만 개별 사건의 실체 진실을 찾아가는 과정은 비슷합니다.

2021년 1월 1일부터 검경 수사권 조정을 반영한 개정 형사법령 시행에 따라 검사실 업무도 많은 변화가 진행 중입니다. 지금 검찰은 사법시스템에서 큰 변화를 맞이하고 있지만, 검사실 수사관의 입장에서 보면 결국 기록검토, 사건 관계인 조사, 증거 분석 등 주요 업무는 비슷하다고 할 수 있습니다.

문 : 많은 문서도 작성한다고 알고 있는데요.

검찰수사관은 무슨일을 하나요? ••

답 : 그렇습니다. 검사와 검사실 수사관은 각종 문서 작성이 주된 일이라고 해도 과언이 아닙니다. 검사는 공소장, 불기소 결정서 등을 작성하고, 수사관은 사건관계인을 조사하면서 작성하는 피의자신문조서, 참고인진술조서, 그 외에도 각종 수사보고를 작성합니다. 압수를 하게 되면 압수조서, 압수목록 교부서 등도 작성합니다.

문 : 송치사건의 경우 피의자, 참고인 등 사건관계인을 조사하려면 기록 파악, 증거 분석 등이 선행되어야 할 것 같군요.

답 : 검사의 경력 등에 따라 사건이 배당되는데 고참 검사실은 기록도 두껍고 사실관계와 법리 등이 복잡한 사건이 배당되는 편입니다. 그래서 다소 덜 복잡한 사건이 많이 배당되는 신임검사 등 저호봉 검사실의 선호도가 높은 편입니다.

　송치 받은 기록이 방대하더라도 검사실은 압축하여 조사를 하게 됩니다. 그렇더라도 핵심 쟁점, 그러니까 범죄 구성요건 등을 놓치지 않고 조사를 해야 하니까 사전에 철저한 준비가 필요합니다.

문 : 혐의 입증은 결국 증거 판단에 따를 것이므로 증거 수집과 분석은 그만큼 중요하겠군요.

답 : 정확합니다. 검찰에서 직접 수사하는 인지 사건 등은 결국 압수 수색 등을 통해 수집한 증거 분석이 성패를 가를 수 있습니다. 송치사건 역시 증거 수집과 분석이 매우 중요합니다.

　증거 수집과 분석의 예를 들어 보겠습니다. 경찰에서 송치한 압수물에 CCTV 동영상 있는데 분석이 다소 미흡한 경우 이를 정밀하게 분석하기도 하고, 사기사건 기록을 검토하다가 특정

계좌 내역을 추가로 파악해야 할 경우 압수수색영장을 청구하고 발부받은 영장을 집행하여 증거를 추가로 수집, 분석하기도 합니다. 계약서가 중요 증거가 됨에도 계약서 특정 문구 조사가 미흡한 경우 조사를 통해 그 의미를 분명히 하는 것도 혐의 유무 판단에 중요합니다. 증거 수집 방법에는 임의수사 방법을 사용하기도 하지만 압수수색 등 강제수사를 동원하기도 합니다.

문 : 증거수집과 관련한 대표적 수사방법을 소개한다면?

답 : 굉장히 많습니다. 주민조회, 차적조회, 출입국조회 등은 많이 들어보셨을 것 같습니다. 실무에서는 법령에 근거하여 공·사무소에 해당 사건과 관련된 매출·매입처별 원장, 관세 내역, 토지대장, 건축 허가서 등 다양한 자료를 받고 있습니다. FIU(금융정보분석원)에 특정금융정보제공요청을 하여 의심 거래 내역을 보기도 합니다. 강제수사는 영장을 발부받아 수집하는 증거로 계좌내역, 통신내역, 이메일, 카카오톡 대화 등을 확보하여 분석하기도 합니다. 같은 부에서 미국 FBI와 공조 수사를 위해 영장을 발부받아 집행하는 것을 본 적도 있습니다.

문 : 검사실 수사관들이 법률적 판단이 담긴 결정문 초안 작성을 하는 경우도 있는가요?

답 : 검사실 수사관은 검사의 보조적 역할을 넘어 매우 적극적인 역할을 수행하는 경우가 있습니다. 복잡한 송치 사건의 경우를 예로 들어 보면, 검사와 함께 복잡한 법리를 고민하면서 실시간으로 협의하며 조사 등을 한 후, 결정문 초안 등을 작성할 수 있습니다. 저도 그런 경험이 있고 이는 수사능력 향상에 도움이 된다고 생각합니다.

참고로 조사과, 수사과에서 근무하는 수사 능력이 뛰어난 검찰수사관은 수준 높은 의견서를 작성하고 있습니다.

문 : 검사실 경험 중 기억나는 것이 있다면?

답 : 검찰에서 직접 구속하는 경우 직구속이라고 하는데요. 처음 직구속한 사기사건 피의자를 구속 후 첫 조사할 때 법에 따른 사법처리였긴 하지만 미안한 마음이 들었던 기억이 있습니다. 특경법(사기) 위반 공범 중 한 명을 체포하려고 체포영장을 발부받아 지명수배한 날 행선지 정보를 입수 후 체포하여 구속한 사건, 경매방해 등 인지 사건, 복잡한 재산범죄의 실체를 밝히고, 대기업의 중요 기술정보 유출 사범을 직접 수사하여 구속한 사건 등이 기억납니다.

문 : 추가로 하고 싶은 말이 있다면?

답 : 2021년부터 형사사법 시스템의 변화가 있었습니다. 그래도 검찰은 국가 중요 기능을 담당하게 될 것이고, 우리 수사관도 개정 형사법령 시행 등에 따라 기존의 수사 방법과 다른 방식, 예를 들어 조사 위주의 수사가 아닌 공판 중심주의로의 변화에 따른 수사 등 변화를 맞이할 수 있겠지만 검사를 보좌하여 수사 및 공소 유지 업무 등을 계속하게 될 것입니다.

또한 정의를 수호하고 실체적 진실을 밝히고자 하는 적극적이고 열정 있는 분들이 계속하여 검찰수사관으로 새롭게 들어와서 검찰을 더욱 발전시킬 것입니다.

필자는 저의 직장 상사로, 저와는 각기 다른 검찰청 등 3곳에서 근무하였고, 그 중 같은 부서에서 두 번이나 함께 근무할 정도의 특별한 인연이 있습니다. "같은 부서에서 3번 함께 근무하면 그 둘 중 한 명은 퇴직해야 한다."는 이야기도 있으니 그 인연이 가히 가볍다 할 수는 없겠죠.

09 5급 근무부서

> ○ 수사과·조사과의 팀장, 검사직무대리, 고검 검사실에서 수사업무 담당
> ○ 지청규모에서 과장직 수행 및 법무부·대검의 기획부서 근무

　5급(사무관)부터는 관리자에 해당한다. 따라서 수사과와 조사과에 근무하는 5급은 팀장 역할을 한다. 통상 수사과 1호실, 수사과 2호실, 조사과 1호실, 조사과 2호실 등으로 불리는 팀장이다. 팀은 5급 1명에 6~7급 1명의 단출한 구성이다. 예전에는 5급이 여러 명의 6~7급 수사관과 팀을 구성하여 일을 했으나 검찰의 인력사정 때문에 최소규모로 운영하고 있다.

　5급은 수사과와 조사과의 팀장 역할이지만 직접 수사를 맡아 처리하고, 팀원의 수사를 지도한다. 예컨대, 팀원이 작성한 수사결과보고서, 의견서 등이 올바르게 작성되었는지 지도하고, 팀원이 담당하고 있는 개개 사건의 수사 방향과 수사 착안사항도 지도한다.

　5급은 검사직무대리와 고등검찰청 검사실에서 수사업무를 담당하기도 한다.

5급은 또한, 지청 규모의 청에서 집행과장, 수사과장 등의 과장직을 수행한다. 지청의 수사과장은 과장보직이지만 인력부족으로 인해 직접 수사에 관여한다. 필자 또한 지청의 수사과장을 수행할 때 수사과 계장님들과 분담하여 피의자신문조서를 작성하였고, 구속영장 신청서 등을 직접 작성하였다.

5급은 그 외에도 법무부와 대검찰청의 기획부서에서 근무하며, 20년 이상의 검찰경력을 바탕으로 현실감 있는 정책을 만드는데 기여한다. 또한, 법무연수원 교수로서 검찰수사관 교육에도 참여할 수 있다.

〈현직 인터뷰 ⑦ : 대검찰청 기획부서 근무〉

검찰5급 정○진(대검 디지털수사과 사무관)

문 : 본인의 검찰 경력 소개를 부탁해요

답 : 저는 1993년 검찰 9급 공채로 1994년 공직에 들어와 만 27년 근무하였습니다. 그 동안 사건과, 집행과, 수사과, 형사부 검사실, 법무연수원 기획과, 대검찰청 디지털수사과 등 여러 부서에 근무하였습니다. 2016년도 사무관시험에 합격하여 수원지검 조사과에서 근무하였고, 2018년부터 대검찰청 과학수사부 디지털수사과에서 행정지원팀과 인재양성팀 업무를 총괄하고 있습니다.

문 : 대검찰청 과학수사부는 무슨 일을 하는 부서인가요?

검찰수사관은 무슨일을 하나요?

답 : 대검찰청 과학수사부는 법과학분석과, 디앤에이·화학분석과, 디지털수사과, 사이버수사과 등 4개 과로 구성되어 있습니다. 일선 검찰청 수사팀이 과학수사 지원 요청을 하면 각 분야 전문가들이 과학적인 기법으로 증거분석을 하여 수사팀에 제공하고, 수사팀에서는 이를 근거로 기소여부를 결정합니다. 또한 기소가 되어 공판단계에서 피고인의 유죄 증거로 활용하고 있습니다. 오늘날의 수사는 피의자 및 사건 관계인의 진술에 의존하지 않고 객관적이고 과학적인 증거확보가 수사의 성패를 좌우하는 시대로 수사의 패러다임이 획기적으로 변화하고 있습니다. 나날이 발전하고 지능화 되어가는 범죄기법에 능동적으로 대처하기 위하여 과학수사부 구성원들은 새로운 기법을 연구개발하고, 감정·수사인력의 전문성을 강화하며, 국제 수준의 물적 인프라를 구축하여 명실상부한 국내 최고의 과학수사기관이 되기 위하여 노력하고 있습니다.

문 : 디지털수사과는 어떤 일을 하는 곳 인가요?

답 : 오늘날 대부분의 사람들은 스마트폰, 노트북, 카카오톡, 인스타그램 등 디지털 기기를 사용하고 있어 우리의 일상에서 떼려고 해도 뗄 수 없는 밀접한 관계입니다. 범죄자 및 사건 관계인의 행적 또한 고스란히 디지털 기기에 지울 수 없는 흔적으로 남아있는데 이러한 디지털 기기에 있는 증거들을 수집하고 분석하는 것을 주된 업무로 하고 있습니다. 디지털수사과는 ① 컴퓨터 등 디지털 기기로부터 증거자료를 수집·복원하고, ② 기업·기관의 정보기반 시스템에서 회계데이터, 이메일 등을 분석하며, ③ 핸드폰 등 모바일 기기의 통화내역, 사진, 동영상 등을 수집

· 복원하고, ④ 암호화된 문서 등을 보유중인 슈퍼컴퓨터로 암호를 해제하여 형사부 검사실, 수사과 등 수사팀에 증거자료로 제공하고 있습니다. 디지털수사과는 크게 3개 실로 나눠지는데, 행정지원실, 디지털전략지원실, 디지털포렌식연구소가 있습니다.

문 : 과학수사부에도 검찰수사관이 근무하나요?

답 : 과학수사부는 일선 검찰청과 달리 인적 구성이 다양합니다. 연구사, 연구관, 분석관, 학예연구사, 보건연구사, 보건연구관, 정보통신직렬(전산직·통신직), 사무운영직, 사무원 등이 있습니다. 물론 검찰수사관도 근무를 하는데 일반 공채 출신과 전문분야 근무경력이 있는 경력직 특채 출신이 있습니다. 공채 출신 검찰수사관이 과학수사부 근무를 희망하는 경우, 정기인사 시기에 심리생리검사관 양성과정, 디지털포렌식 전문가 양성과정, 사이버수사 전문가 양성과정에 지원하면 소정의 심사를 거쳐 교육생으로 선발되며, 교육 수료 후 각 분야 전문부서에 배치되어 근무하게 됩니다. 최근에는 과학수사 부서의 전문가가 되려는 직원이 많아져서 교육과정의 경쟁률이 해가 거듭할수록 높아지는 추세입니다.

문 : 과학수사부에 근무하는 검찰수사관이 담당하는 업무는 무엇인가요?

답 : 과학수사부에 근무하는 검찰수사관은 크게 인사, 예산, 서무 등 일반 검찰행정업무와 심리생리검사, 멀티미디어복원, 화재수사, 영상녹화, 디지털수사지원, 사이버수사지원 등의 과학수사 지원 업무를 담당하고 있습니다. 참고로, 디지털수사과는 전국 검찰청의 검사, 검찰수사관을 대상으로 2013년부터 서울대학교 융합과학기술대학원 수리정보과학과 이학 석사 과정의 계약학과를 개설

하여 디지털포렌식 전문가 양성과정을 운영하고 있습니다.

문 : 디지털수사과에 근무하는 젊은 수사관들과 소통하면서 느낀 점은 무엇인가요?

답 : 제가 1994년도에 공직생활을 처음 시작하였을 때 선후배를 대하는 태도와 최근 입사한 후배들의 태도가 다르다는 것을 많이 느낍니다. 그만큼 시간도 많이 흘렀고, 시대흐름도 많이 변했으니 차이가 나는 것이 당연하다고 생각합니다. 저는 선배들이 시키는 지시는 조금은 부당하더라도 수인하고 묵묵히 따르는 것이 미덕이고 선배에 대한 예의라 생각하였습니다. 그러나 젊은 수사관들은 저와는 달리 대부분 자기주장이 강하고 아무리 직급 차이, 경력 차이가 나더라도 부당한 지시에는 과감히 거부하는 장면들을 여러 번 목격하였습니다. 처음에는 이런 후배들의 태도에 당황스러움, 낯설음을 느꼈으나 한편으로는 검찰조직을 위해서는 보다 합리적인 태도라 생각합니다. 이러한 합리적인 태도가 조직을 좀 더 민주적인 방향으로 나아가게 하는 긍정적인 면도 있으나, 인간미는 점점 줄어드는 것이 진한 아쉬움으로 남습니다.

문 : 검찰생활을 하면서 기억에 남는 일이 있다면?

답 : 1998년도에 8급으로 승진하여 서울중앙지검 집행과에 근무하게 되었는데, 같은 팀에 근무하는 후배와 함께 고액 벌과금 징수업무를 담당하게 되었습니다. 서울중앙지검은 워낙 규모가 큰 청이기 때문에 고액 벌금 미납자가 상당히 많았습니다. 1억 이상 고액 미납자 위주로 검거하기 위하여 수사기록을 대출하여 미납자 가족 및 사건관계인의 인적사항 등을 파악하고 의료보험 내역,

통화내역, 전과조회, 차량조회, 수감자조회 등 각종 조회를 빠짐없이 실시하여 소재가 확인된 미납자의 주거지에 임하여 잠복하여 검거활동을 펼친 끝에 대부분의 고액 미납사건을 해결하였습니다. 기억에 남은 사건은 특가법위반(조세) 사건으로, 벌금 23억 원이 확정된 미납자 소재를 추적하여 수도권 어느 아파트에 은신 중인 것을 확인하고 주거지 초인종을 눌렀는데 아무런 인기척이 없었습니다. 그러던 중 미납자는 검찰수사관이 자신을 검거하러 온 것을 직감하고 9층 베란다 문을 열고 가스배관을 잡고 내려가다가 3층에서 손에 힘이 빠져 아파트 화단으로 추락하는 사고가 발생하였습니다. 그 미납자는 그 사고로 척추가 골절되어 병원 신세를 지게 되었는데, 그날 이후로 매일 미납자의 처와 딸이 사무실에 찾아와서 갖은 욕설을 해대면서 강하게 항의를 하여 저와 후배는 하루하루가 살얼음판을 걷는 기분이었습니다. 그러나 당시 집행과장님께서 열심히 적극적으로 일을 하다가 예기치 못한 불상사가 생겼으니 모든 책임은 내가 질 테니 너희들은 너무 걱정하지 말라고 다독였습니다. 집행과장님의 현명한 대처로 미납벌과금을 완납하였고, 그 후로 미납자의 부인과 가족은 더 이상 사무실에 나타나지 않았습니다. 지금은 집행과장님이 퇴직하신지가 오래되었지만 그때 그 과장님의 뛰어난 리더십, 직원들에 대한 깊은 배려와 후배 사랑은 지금도 잊을 수가 없습니다.

문 : 추가로 더 할 말이 있다면?

답 : 피의자가 수사단계에서 자신의 혐의사실에 대하여 인정하고 자백을 하더라도 공판정에서 부인하면 피의자신문조서는 휴지조각이 되는 것이 우리의 수사 현실입니다. 그러한 진술증거에 의존하지 말고 객관적이고 과학적 증거를 수집하기 위하여 과학

수사 역량을 강화해야 하는 것이 검찰의 당면한 최우선 과제가 아닌가 생각됩니다. 과학수사에 관심이 많으시다면 과학수사 전문가로 활동할 수 있는 '심리생리검사관 양성과정', '디지털 포렌식 전문가 양성과정', '사이버수사 전문가 양성과정'에 지원할 것을 강력 추천합니다. 오랜 기간 조직생활을 하다보면 자신의 보직관리가 중요하다는 것을 느끼는데, 특정 분야의 전문기술이 있으면 그 분야에 근무할 수 있는 기회가 생겨 그만큼 선택의 폭이 커지는 것입니다.

4급 근무부서

○ 대검·고검·지검·지청의 과장, 검사직무대리로 근무
○ 법무부·대검의 기획부서에서 근무

4급은 주로 사무국 소속 과장보직을 수행한다. 대검찰청, 고등검찰청, 지방검찰청, 지청의 과장급은 대부분 4급이 담당하고 있다. 대검찰청의 복지후생과장, 고등검찰청의 관리과장, 사건과장, 지방검찰청의 총무과장, 사건과장, 집행과장, 수사과장, 조사과장 등이 이에 해당한다.

또한, 4급은 검사직무대리로 근무하고, 법무부와 대검찰청 각 부서에서 비보직 서기관으로도 근무한다.

과장직위는 조직의 중간관리자로서 과의 업무를 총괄하므로 그 역할이 막중하다. 군대로 치면 일선부대의 최전방 지휘관으로 보면 된다. 업무 중 상당부분은 과장전결로 처리되고, 사무국장, 지검장 등 상사에게 보고되는 사항은 제한적이다.

과장은 과의 단위업무를 꿰뚫고 있어야 한다. 많게는 몇 십 명이 수행하는 업무를 모두 상세히 알기는 어렵지만 직원들의 업무를 격려하고, 지도하고, 감독하고, 성과를 내기 위해서는 어쩔 수가 없다.

또한, 과장은 구성원들이 서로 분쟁 없이 협력하는 밝은 분위기를 유지하도록 노력해야 한다. 과장은 과원 개개인의 멘토가 되어 공적 업무를 지도하거나 사적인 고민을 상담해주는 카운셀러 역할도 담당한다. 과장이 이런 역할을 적극적으로 수행하는 부서는 분위기도 밝고, 성과도 좋다.

〈현직 인터뷰 ⑧ : 4급〉

검찰4급 백○홍(수원지검 총무과장)

문 : 본인의 검찰 경력 소개를 부탁해요.

답 : 저는 1990년 검찰 9급 공채에 합격, 그때부터 현재까지 약 31년 가까이 근무하고 있습니다. 2013년에 5급으로 승진한 후 국가인권위원회 파견근무에 이어 수원지검 수사과, 조사과, 법무부 형사기획과에서 근무하였고, 2019년에 4급으로 승진하여 대전지검 서산지청 사무과장을 거쳐 2020년 8월부터 수원지검 총무과장으로 재직하고 있습니다.

문 : 총무과 업무 분위기는 어떤가요?

답 : 총무과에는 총무팀장, 재무팀장 등 고경력의 수사관부터 검찰 경력 1~2년의 초급수사관, 행정관, 실무관 등 다양한 직렬과 여러 연령대의 직원들이 함께 근무하고 있습니다. 하지만, 구성원

모두는 자기의 업무분야를 충실히 수행하면서도 총무과 전체를 위해 먼저 배려하고, 이해하는 자세로 근무합니다. 교향곡이 연주될 때 한 악기가 자기 분야를 연주하면 여러 악기가 모여 전체 화음이 이루어지는 과정이 떠오릅니다. 그리고 검찰청에 근무하는 대부분의 수사관들이 훌륭하지만 지금 저와 함께 근무하는 수사관들은 업무처리 역량이 뛰어나 과의 분위기는 활력이 넘치고, 과원의 병가나 휴가 등 결원이 발생하더라도 즉시 업무를 대행할 수 있는 능력과 자세가 되어 있어 과원들은 마음 편히 연가를 사용하고 있는 분위기인데 저는 과 구성원들의 노력에 감사할 뿐입니다.

문 : 업무를 수행하면서 중점을 두고 있는 분야는?

답 : 총무과는 청 전체의 행사를 주관하는데 딱딱하고 의례적인 것보다 실속 있고 실질적인 행사가 되도록 노력합니다. 각종 행사를 진행할 때 간편하고, 실질적인 행사가 되도록 노력하고, 직원들에게도 실질적이고 효율적인 것에 신경을 쓰라고 주문하고 있습니다.

문 : 직원들의 업무지도는 어떻게 하나요?

답 : 총무과에는 초급 수사관들이 많습니다. 처음에 업무를 배울 때 원칙과 기준에 따른 업무처리가 몸에 익으면 나중에 도움이 됩니다. 따라서 결재 등 업무지도를 할 때 전임자들이 해 온 것을 참고는 할지라도 일률적으로 답습하거나 모방하지 말고 관련 규정 등을 스스로 체득하도록 조언을 해 줍니다. 그리고 결재 과정에서는 관련 법령 등의 규정 준수여부, 추진 필요성, 파급효과 등을 검토했는지 체크합니다. 하지만, 요즘 젊은 수사관들은 기획 능력이 뛰어나서 크게 지적되는 점은 별로 없습니다. 그래서 큰

틀에서 빠뜨린 것이 없는지 점검하고 있습니다.

문 : 총무업무를 담당하면서 아쉬운 점이나 개선점이 있다면?

답 : 특별히 개선할 점은 없습니다. 다만, 코로나19 상황이 1년 넘게 계속되고 있어 방역담당인 총무과 직원들의 고생이 너무 큽니다. 매일 코로나19 상황을 체크하고 대응하거나 행사 등에 따른 방역을 해야 하는 분야도 있어서 담당 직원들의 심적, 신체적 피로가 누적되어 있는 상태입니다. 과장으로서 많은 도움을 주지 못해 안타까운 마음입니다.

문 : 검찰생활에서 기억나는 것이 있다면?

답 : 검사실에서 근무할 때 인지한 사건 중 소위 국방부 토지사기 사건을 담당한 적이 있었는데 주된 내용은, 군부대 군무원과 그 부대 근무했던 퇴역 군인이 공모하여, 기존에 매입한 사격장 부지가 종중 소유 토지라서 등기이전이 지연되고 있었고, 부대장 등 간부들이 순차 전근하는 바람에 현직 부대 간부들이 기존에 매입한 부지의 존재에 대해 모르는 점을 이용하여 사격장 부지를 확보해야 한다고 허위 보고하여 이미 대금을 주고 매입한 해당 부지를 새로이 매입하는 것처럼 속여 국가예산 십 수억 원을 빼먹은 사건이었습니다. 당시 국가를 상대로 사기를 치는 간 큰 피의자들이 있다는 사실에 대해 놀랐고, 한편으론 유출된 국가예산 십 수억 원을 환수했다는 데 대해 많은 보람을 느꼈습니다. 다른 한 건은 아동을 추행한 피의사건으로 구속 송치된 사건을 담당할 때 피의자는 강하게 혐의를 부인하나 고소인이 제출한 녹취록에 의하면 피의자의 혐의가 인정되는 듯이 보이는 사건이었습니다. 피의자가 워낙 완강하게 부인하여 고소인으로부터

녹음테이프를 제출받아 청취해보니 녹취록에 있는 내용은 녹음된 내용의 일부에 불과하고, 그것도 편집이 되어 그 취지가 왜곡되어 있음을 확인하였습니다. 그래서 녹음테이프를 수십 회에 걸쳐 계속 반복 청취하며 녹취록을 새로 작성하여 수사보고를 하였습니다. 녹음장비나 녹취기술이 없어 엄청 고생한 기억이 납니다. 제가 다시 작성한 녹취록은 제출된 녹취록의 2~3배 분량이 되었습니다. 당시 녹취록을 작성할 때는 혹여 한 글자라도 잘못 작성하는 경우에는 고소인 측으로부터 어떤 모함을 당할지 몰라 숨소리 하나까지 완벽하게 작성코자 하는 바람에 너무 고생을 많이 하였었는데 제가 고생한 대신 그 피의자가 혐의를 벗게 된 점에 많은 보람을 느꼈던 것이 기억납니다.

문 : 추가로 더 할 말이 있나요?

답 : 요즘 검경수사권 조정 등으로 인해 후배 수사관들 일부는 위축되는 듯이 보입니다. 그러나 주어진 여건 속에서도 실력을 키워 업무능력을 향상시키고 공정하게 업무를 처리하다보면 국민들로부터 사랑받고 수사관의 존재가치도 향상될 수 있다고 봅니다. 수사관들이 좀 더 활력 있게 생활했으면 하는 바램입니다.

11 3급 및 고위공무원단 나급 근무부서

> ○ 3급은 대검·고검 과장, 차장검사가 설치된 지청의 사무국장
> ○ 고위공무원단 나급은 고검 및 지검 사무국장, 부산지검 동부지청 사무국장

3급은 검찰부이사관이라고 한다. 3급은 대검찰청 운영지원과장, 집행과장과 6개 고등검찰청의 총무과장으로 보임한다. 또한, 차장검사가 설치된 지청(성남·안양·안산·부천·고양·천안·대구서부·순천)의 사무국장을 맡는다.

대검찰청 운영지원과장은 대검찰청 사무국장을 보좌하여 검찰수사관의 인사, 예산, 조직 운영방향 등에 관한 실무를 담당하고, 대검찰청 집행과장은 전국 검찰청의 재산형집행 업무를 총괄한다. 지청 사무국장은 지청장을 보좌하여 검찰행정 업무를 총괄한다. 3급 보직자는 9급·7급·5급 공채 출신들이 다양하게 분포되어 있다.

고위공무원단 나급 직급은 예전의 2급(이사관)에 해당된다. 고위공무원단 나급은 6개의 고등검찰청 사무국장, 18개 지방검찰청 사무국장, 부산지검 동부지청 사무국장으로 보임한다.

지방검찰청 또는 지청 사무국장은 해당 검찰청 일반직 중 가장 높은 계급으로서 '맏형'과 같은 역할을 수행한다. 따라서 청 전체 직원이 활기차게 근무하도록 지원하고, 사무국소관 업무뿐 아니라 청 전체 업무가 성과가 나도록 고민한다.

사무국장의 구체적 역할을 살펴보면, 첫째, 기관장을 보좌하여 청 전체의 원활한 업무수행을 위해 힘쓴다. 사무국 업무 이외에도 청 전체 분위기를 점검하고, 직원의 애로 및 건의사항을 청취하여 불편이 없도록 개선한다.

둘째, 사무국장은 직원의 성과평가 등이 객관적이고 공정하게 이루어지도록 노력한다. 열심히 일한 직원이 근무평정, 상훈, 포상 등에서 그에 상응하는 혜택을 받도록 지원한다.

셋째, 사무국장은 구성원의 소통과 화합에 관심을 기울인다. 구성원들이 원활하게 의사소통하고 상호존중을 통해 건강하고 단합된 조직으로 구성되도록 다양한 방안을 추진한다.

넷째, 사무국장은 수사관 역량 향상에도 노력한다. 검찰업무는 이론적 지식보다 현장에서 부딪치며 습득한 다양한 경험이 문제해결에 도움이 된다. 따라서 사무국장은 고경력 수사관의 노하우가 후배 수사관에게 온전히 전수되도록 간담회 등을 마련하고, 자신의 경륜을 티타임, 저녁모임 등의 방법으로 후배들에게 직접 전수하기도 한다.

⟨현직 인터뷰 ⑨ : 고위공무원단 나급⟩

고위공무원단 나급 정○철(부산지검 사무국장)

문 : 본인의 검찰 경력 소개를 부탁드려요.

답 : 저는 1994년 제38회 행정고시(검찰사무직)에 합격하여 1995년 검찰청에 들어와 약 26년 정도 검찰청에서 근무하고 있습니다. 2005년에 4급, 2015년에 3급, 2017년에 고위공무원단 나급으로 각각 승진하였고, 고위공무원단 승진 후에는 춘천지검 사무국장, 서울동부지검 사무국장 등을 거쳐 2021년 2월부터 부산지검 사무국장으로 근무하고 있습니다. 참고로 2009년 2월부터 2013년 2월까지 주 필리핀 대사관 영사로 근무한 경력이 있습니다.

문 : 검찰공무원으로서 필리핀 주재 대사관 영사를 역임하였는데 자세히 설명해 주시면?

답 : 인사혁신처는 경찰, 통상, 산업, 문화 등의 분야에서 특정 직역에 해당 부처 공무원이 영사직을 수행할 수 있도록 영사직을 공개모집을 합니다. 지원자격은 그 나라 언어 실력 테스트, 면접 등이 있고, 저는 경찰영사 공개 모집에서 선발이 되었습니다. 알다시피 필리핀은 한 해에 우리 국민 50명 이상이 사망하는 등 각종 사건 사고가 빈발하여 교민 및 방문객들이 곤경에 처하는 경우가 많습니다. 이와 관련하여 법적, 인적, 물적 도움을 주는 일을 하였습니다. 그리고 우리나라에서 죄를 짓고 필리핀에 도피하고 있는 범인들을 범죄인인도조약에 따라 인도받거나 필리핀 당국의 강제추방 등 협조를 받아 본국으로 송환하는 일, 필리핀에

수감되어 있는 우리 국민들을 직접 찾아가서 애로사항을 청취하고 이를 해결해 주는 일 등 다양한 업무를 수행하였습니다. 그리고 필리핀 남부 민다나오 섬 이슬람 반군에 피랍되어 있던 우리 국민 3명을 상당한 노력을 통해 구출하였던 일이 특히 기억에 많이 남습니다.

문 : 영사업무를 수행하면서 검찰 경험이 어떤 도움이 되었나요?

답 : 영사 업무는 교민 및 방문객의 안전, 치안 등을 담당하고 범죄인 송환, 국제 형사 분야에 있어 국가 간 형사공조는 물론, 억울하게 수감되어 있거나 불법적으로 감금되어 있는 등 형사 분야에 대한 지식과 경험이 요구됩니다. 특히 필리핀에서는 경찰의 전횡이 심각하고 이로 인한 피해가 너무나 커서 필리핀 법무부, 검찰청, 그리고 경찰청 인사들과 긴밀한 네트워크를 형성하면서 우리 교민 및 방문객들의 인권을 보호하고, 피해를 최소화하는데 일조를 하였다고 자부합니다.

문 : 검찰 이외 다른 직역으로 직무영역 확대를 시도하는 후배수사관들에게 조언을 한다면?

답 : 우리 검찰수사관 중에는 유능하고 도전적인 분이 많습니다. 겁먹지 말고 여러 직역에 도전하라고 말하고 싶습니다. 검찰에만 안주하지 말고 새로운 영역에서 마음껏 능력을 펼친 뒤 다시 검찰로 돌아오면 그 분야의 경험을 살려 국제 범죄 척결 등 국가 형사사법 구현에 많은 도움을 줄 수 있습니다.

문 : 사무국장으로서 중점을 두는 분야는 무엇인가요?

답 : 먼저, 사무국장은 일반직의 리더 입니다. 따라서 조직의 리더로서

임무와 책임을 완수하기 위해 노력하고 있습니다. 검찰에 대한 국민의 신뢰증진, 검찰수사관 역량강화, 인권의 보루로서의 검찰공무원 역할 등이 우선적으로 고려될 필요가 있습니다. 따라서 일선 청에서 이를 위해 무엇을 해야 할지 고민하고, 후배들에 대한 지도, 경험의 전수에도 힘을 쓰려고 합니다. 둘째, 소통과 화합을 위해 노력하고 있습니다. 어느 조직이든 원활한 의사소통과 상호존중이 이루어지면 조직의 역량은 극대화 됩니다. 구성원을 이해하고, 존중하고, 다가가려고 하는 자세를 견지하고 있습니다. 하지만, 요즘은 코로나 19 상황의 특수성으로 약간의 제약이 있습니다. 셋째, 직원들이 편안한 상태에서 일을 하는 방안은 무엇인지 고민하고 있습니다. 덜 힘들고, 덜 스트레스 받는 업무방법과 근무환경이 있으면 과감히 추진하라고 주문하고 있습니다. 같은 맥락으로 형식보다는 실질에 중점을 두고 업무를 대하라고 말하고 있습니다.

문 : 검찰생활에서 기억나는 것이 있다면?

답 : 저는 법무부 검찰국, 대검찰청 검찰연구관, 서울중앙지검 특수부·조사부 수사사무관 등을 통해 사면·복권, 검찰 행정은 물론 수사를 했습니다. 특히 법무부에서의 대규모 사면 8차례, 대검에서의 수사관 활성화 방안 마련, 그리고 서울중앙지검에서의 거대 입찰담합 사건 인지 및 불법 비리 학원 근절 등을 위해 노력한 점이 생각납니다. 물론 주필리핀 영사 생활 중에 억울하고 힘들어하는 교민 및 방문객들의 권익을 보호한 뒤 그분들이 본국으로 돌아가서 외교부 홈페이지를 통해 감사 편지를 수차례 올렸던 것이 특히 기억에 남습니다.

12 고위공무원단 가급 근무부서

> ○ 대검찰청 사무국장으로 근무

검찰청은 대검찰청과 대검 산하의 65개 검찰청으로 구성되어 있고, 검찰구성원은 약 1만 여 명이 넘는다. 검사 약 2,200여 명을 제외한 나머지 검찰구성원에 대한 업무를 총괄하는 자리가 대검찰청 사무국장이다.

대검찰청 사무국장은 고위공무원단 가급의 직급으로 예전의 1급(관리관)에 해당한다. 검찰수사관이 오를 수 있는 최고위직으로서, 검찰 일반직의 별이라고 불린다.

대검찰청 사무국장은 법령상 소관업무에 대해 검찰총장을 보좌한다. 따라서 검찰수사관과 관련된 정책의 최종 결정권자는 검찰총장이다. 하지만, 통상 검찰총장은 검찰수사관 인사와 발전전략 등에 대해 대검 사무국장의 의견을 전폭 수용한다.

그 이유는 대검 사무국장이 더 많이 고민하고 있다는 점을 인정하기 때문이다. 따라서 대검 사무국장은 검사 이외의 검찰청 직원에 대한 인사 및 발전전략 수립·시행, 상훈, 복무, 교육, 복지, 노사업무 등에 대한 실질적 영향력을 미치는 막중한 자리이다. 대검찰청 사무국장이 추진하는 정책방향에 따라 검찰직원 발전전략과 검찰행정의 발전방향이 결정된다.

2021년 11월 현재까지 9급 공채 또는 7급 공채 출신 검찰수사관이 대검찰청 사무국장을 역임했다. 대검찰청 사무국장은 통상 2년 동안 재직한다.

대검찰청 사무국은 검찰수사관 지위와 역할 증대를 위해 국회, 기획재정부, 행정안전부와 같은 유관기관과 긴밀한 협력을 지속하고, 태스크포스 구성 등을 통해 여러 가지 발전전략을 수립·시행하고 있다. 이런 대검찰청 사무국장의 직무를 실질적으로 보좌하는 부서가 운영지원과, 복지후생과, 운영지원과 내 검찰연구관(검찰직)이다.

〈前 대검찰청 사무국장 인터뷰〉

김영창('17년 10월~'19년 8월 재임)

문 : 본인의 검찰 경력 소개를 부탁드려요.

답 : 저는 1988년 검찰7급 공채에 합격하여 1989년 9월 대전지방검찰청에서 검찰주사보(7급)로 공직을 시작한 이래 전국 각지의 검찰청에서 근무하다 2017년 10월부터 2019년 8월까지 대검찰청 사무국장으로 재임하였습니다.

구체적 경력으로는, 2005년 5급으로 승진하여 수사과 수사관, 단독지청 사무과장 등을 역임하였고, 2010년 4급으로 승진하여 일선청 보직과장을 역임하였고, 2014년 3급으로 승진하여 대검찰청 운영지원과장을 역임하였습니다.

그리고 2015년 9월 고위공무원단 나급(2급 이사관)으로 승진하여 대전지검 사무국장, 부산고검 사무국장, 서울고검 사무국장을 거쳐, 2017년 10월에 고위공무원단 가급(1급 관리관)으로 승진하여 대검찰청 사무국장이 되었습니다.

문 : 대검찰청 사무국장으로 재직하시면서 가장 중점적으로 추진한 일은 무엇인가요?

답 : 먼저, 검찰의 조직문화 개선에 많은 노력을 기울였습니다. 검찰은 기관장 취임 시 군대식 신고 방식과 같은 권위주의적 조직문화, 즉 상명하복의 수직적 조직문화가 70여 년간 지속되어 왔습니다. 하지만, 시대 변화의 흐름에 맞추어 수평적이고 유연한 조직문화로 바뀌지 않으면 조직발전은 물론 국민의 신뢰를 얻을 수 없는 상황이었습니다.

그래서 수평적 소통문화, 유연한 조직문화를 가로막는 가장 큰 장애물인 권위주의적 행사·의전·회의에 脫권위주의적인 방식을 도입하였습니다. 일례로, 각종 행사에 기관장 헤드테이블을 없애고 기관장 이·취임식에 기관장이 직접 사무실을 돌며 인사하기, 영접 간소화, 권위주의적(군대식) 신고방식 타파 등을 지속적으로 추진하였습니다. 그 결과 2019년 3월에 검찰구성원 10,973명에게 설문을 한 결과 90%가 조직문화가 개선되었다고 응답하는 등 큰 진전이 있었습니다.

둘째, 검찰수사관 역량강화에 노력하였습니다. 기존에 검찰사무관

승진은 과장되게 말하면 일을 잘하는 사람이 아닌 시험을 잘 치르는 사람이 유리한 시스템이었습니다. 그래서 형법, 형사소송법 시험 등을 없애고, 실제로 수사를 잘하면 유리한 수사실무 능력과 관리자로서의 자질을 평가하는 방식으로 사무관승진 시험 제도 개편을 추진하였습니다. 시험을 잘 보는 사람, 시험공부를 많이 하는 사람이 아닌 "일을 잘하는, 일을 열심히 하는 사람"에게 유리할 것입니다. 새로운 제도는 2021년부터 시행되는 것으로 알고 있습니다.

셋째, 수사과·조사과의 수사역량 강화에 노력하였습니다. 검·경 수사권조정 등 환경변화에 맞추어 검찰에서 직접 수사해 주기를 원하는 국민의 요구에 부응하려면 수사과·조사과의 고소·고발사건 수사역량을 더욱 강화할 필요성이 있었습니다. 그래서 수사과·조사과가 재산범죄 수사를 함에 있어 똑같은 인력으로 더 많은 사건을 처리하면서도 더 좋은 품질의 수사결과가 제공될 수 있도록 다양한 제도를 추진하였습니다.

문 : 대검찰청 사무국장으로 재직하실 때 가장 보람된 일은 무엇이었나요?

답 : 앞에서 언급한 부분과 중복되는 부분입니다만 70여 년간 지속된 권위주의적 행사·의전·회의 등을 시대변화의 흐름에 따라 脫권위주의적 방식으로 바꾼 부분에 대해서 가장 큰 보람을 느끼고 있습니다.

문 : 검찰수사관의 최고 자리인 대검찰청 사무국장이 된 가장 큰 요인은 무엇이라고 생각하시나요?

답 : 저는 지명을 받는 위치라서 어떻게 그 막중한 자리에 지명이

되었는지 잘 모릅니다. 저는 3가지 공직철학을 가지고 공직에 임했습니다. 다음의 3가지 요인이 복합적으로 작용하여 저와 인연을 맺었던 윗분들이 추천하지 않았나 싶습니다.

첫째, 후고지우(後顧之憂), 상급자가 '뒷걱정'이 없도록 업무를 처리했습니다. 즉, 맡은 업무에 대해 직위의 높고 낮음을 떠나 책임감, 창의력, 열정의 자세로 깔끔하게 일을 처리하려고 애썼고, 이는 상급자에게 괜한 '뒷걱정'이 없게 하였습니다.

둘째, 업무로 맺어진 인연이 중요하다는 자세로 임했습니다. 업무로 맺어진 인연이란 충실히 업무를 수행하여 상급자에게 인정을 받는다는 의미입니다. 뚜렷이 내세울 것이 없는 지방 출신인 제가 전국 검찰수사관 등 1만여 명을 대표하는 자리에 오르게 된 것은 개인적 인연이 아닌 업무로 맺어진 인연이 아닌가 합니다. 개인적인 인연이 없던 상급자들이 본인의 업무 역량과 리더십을 인정하여 필요할 때 주요 직위에 본인을 추천하였습니다. 셋째, 공정성·투명성·청렴성을 핵심가치로 인식하고 이를 공직수행에서 꾸준히 실천하려고 노력하였습니다.

문 : 현직 검찰수사관과 검찰에 들어오기를 희망하는 사람들에게 하고 싶은 말이 있으시다면?

답 : 경영혁신 컨설던트이면서 미시간 대학교 교수인 게리 해멀(Gary Hamel)의 "사회 구성원으로서 갖춰야 할 역량"을 인용하여 후배 검찰수사관이나 검찰에 입직희망하시는 분들에게 하고 싶은 말을 갈음하겠습니다.

조직 구성원은 모름지기 ①순종(obedience), ②근면성실(diligence), ③지식(intellect) 등 3가지 역량을 갖춰야 합니다. 구체적으로 말씀드리면, 조직의 방침과 규칙을 잘 지키고 상사의 지시를 잘 따르는 "순종", 나름 노력하여 임무를 완수하고 결과에 대해 책임을 지는 "근면성실", 필요한 스펙을 축적하고 업무 노하우를 보유하는 등 업무능력을 갖춘 "지식"

- 이 3가지 역량은 조직구성원이면 갖춰야 할 "기본역량"입니다. 검찰수사관들은 나아가 기본역량 외에 상사가 시키지 않아도 먼저 알아서 추진하는 ④선제적 추진력(initiative), 새로운 아이디어를 끊임없이 찾고 관행(전임자 처리)을 무작정 좇지 않고 일단 문제가 없는지 검토하여 더 나은 방안을 내놓는 ⑤창의력(creativity), 맡은 업무에 혼(魂)을 다 쏟아내는 ⑥열정(passion) 등의 역량을 갖춰 조직의 "핵심인재"로 거듭나기를 바랍니다.

문 : 추가로 더 할 말씀이 있나요?

답 : 요즘 검찰 내외의 여러 가지 상황으로 인해 검찰이 혼란스럽고 어려운 시기라고 말하곤 합니다. 검찰수사관들도 혼란스러워 할 수 있는 분위기입니다. 하지만, 제가 검찰생활 30년을 하는 동안 어렵고 힘들지 않은 시기는 없었고, 모두 슬기롭게 극복하였습니다. 주변 환경에 당황하거나 위축될 필요 없이 내가 하는 일을 묵묵히 하면 됩니다.

13 승진과 인사이동

> ○ 승진
> - 6급 이하는 일반승진, 근속승진, 특별승진, 5급은 심사승진, 특별승진
> ○ 인사이동은 1년에 2회(상·하반기), 6급 이하, 5급 이상 별도 실시

승진은 크게 6급 이하와 5급 이상으로 구별하여 실시한다. 6급 이하 검찰수사관이 승진하는 경로는 일반승진, 근속승진, 특별승진이 있다. 대부분의 승진은 일반승진으로 이루어진다. 근속승진은 한 직급에서 일정기간이 경과하면 승진하는 제도이다. 예컨대, 9급→8급은 5년 6월, 8급→7급은 7년이 경과하면 승진한다. 특별승진은 공적이 뚜렷하거나 직무수행능력이 탁월한 경우에 실시하는 승진제도이다.

일반승진의 방법은 주로 근무성적평정(이하 '근평')과 경력평정을 합산하여 이루어진다. '근평'은 매년 2회(6월, 12월)에 걸쳐 평정대상 수사관이 자신의 근무실적과 직무수행능력 자료를 입력하면, 평가자, 확인자 단위에서 해당 수사관의 근무성적을 평가한다. 경력평정은 쉽게 말해 총 재직 기간을 의미한다.

'근평'은 평가자 단위(소속과장), 확인자 단위(사무국장, 차장

검사)에서 거듭 평가되고, 여러 차례 부서장 회의를 거치는 등 공정성을 기하기 위해 많은 노력을 한다. 검찰도 공직사회이므로 후배가 선배보다 먼저 승진하는 사례는 많지 않다. 하지만 '성과 있는 곳에 보상 있다'는 말처럼 능력과 성과가 있는 수사관에게 혜택이 돌아가도록 제도개선을 하고 있다.

5급 승진은 심사승진과 특별승진이 있다. 심사승진은 2021년부터 관리자 역량과 수사역량을 평가하는 새로운 제도가 시행된다. 특별승진은 여러 단계에 걸쳐 공적과 전문성을 심사한다. 4급 이상 승진은 일반승진과 유사하다.

검찰수사관 인사이동은 1년에 2회(상·하반기) 실시하고, 통상 5급 이상 인사 후에 6급 이하 인사가 실시된다. 검찰수사관은 원칙적으로 같은 검찰청에서 5년 이상 근무 할 수 없다. 5년이 경과되기 전에 다른 검찰청으로 이동해야 한다.

14 복무와 보수

○ 복무는 휴가, 휴직, 병가, 유연근무 등 자유롭게 사용
○ 보수는 봉급과 수당을 합한 금액

검찰수사관은 일반 공무원과 마찬가지로 휴가 등을 자유롭게 사용할 수 있다. 휴가는 근무연수에 따라 연간 최대 21일까지 주어지고, 휴가를 모두 사용하지 않는 경우에는 일정금액의 연가보상비를 지급받는다.

휴직은 직권휴직제도로 질병휴직, 병역휴직 등이 있고, 청원휴직으로 고용휴직, 유학휴직, 연수휴직, 육아휴직, 가사휴직, 자기개발휴직 등이 있다. 요즘 검찰수사관이 많이 활용하는 것은 육아휴직이다. 여성수사관 뿐 아니라 남성수사관의 육아휴직 활용이 증가하고 있다. 몸과 마음이 아픈 경우에 진단서 등 증빙이 있으면 연간 60일 이내의 병가를 사용할 수 있고, 육아를 위해 유연근무를 활용하기도 한다. 이런 복무제도는 눈치 보지 않고 자유롭게 활용되고 있다.

보수는 봉급과 수당을 합친 금액이다. 봉급은 직무의 곤란성, 책임의 정도에 따라 지급된다. 참고로, 2021년 공안직 9급 1호봉은 약 165만원, 2호봉은 약 169만원이다. 봉급은 호봉

승급과 승진이 큰 영향을 미치는데, 호봉승급은 1년에 1호봉씩 올라간다.

수당은 직무여건과 생활여건에 따라 지급되는 부가급여이다. 정근수당, 성과상여금, 가족수당, 초과근무수당, 정액급식비, 명절휴가비, 연가보상비, 직급보조비, 범죄수사 수당 등이 있다.

검찰수사관이 일하는 만큼의 보수를 받는다고 할 수는 없다. 하지만, 필자의 주변 수사관들을 보면 약 15년 이상 근무를 하면 박봉에도 수도권에 자신의 집을 마련한다. 아마도 엄청난 근검절약과 다양한 재테크 공부를 통해 이루어 낸 결과물일 것이다.

〈참고 : 공안직 공무원 봉급표〉

■ 공무원보수규정 [별표 4] 〈개정 2021. 1. 5.〉

공안업무 등에 종사하는 공무원의 봉급표(제5조 및 별표 1 관련)

(월지급액, 단위: 원)

계급 호봉	1급	2급	3급	4급	5급	6급	7급	8급	9급
1	4,343,500	4,041,000	3,690,400	3,204,600	2,768,100	2,274,200	2,025,600	1,789,500	1,659,500
2	4,488,000	4,178,700	3,814,300	3,321,800	2,871,800	2,372,600	2,112,200	1,871,800	1,693,300
3	4,636,200	4,318,200	3,941,900	3,440,900	2,979,400	2,474,200	2,203,900	1,958,500	1,749,600
4	4,787,700	4,459,100	4,070,400	3,562,800	3,091,200	2,577,900	2,300,300	2,047,000	1,836,300
5	4,942,900	4,601,900	4,201,000	3,686,400	3,205,900	2,684,800	2,400,100	2,139,000	1,923,700
6	5,100,000	4,744,900	4,332,900	3,811,100	3,323,000	2,794,600	2,502,300	2,233,300	2,013,200
7	5,259,400	4,889,800	4,466,300	3,937,000	3,441,900	2,904,700	2,605,200	2,327,900	2,098,900
8	5,420,200	5,034,500	4,600,100	4,063,500	3,562,300	3,015,100	2,708,800	2,418,800	2,181,300
9	5,583,200	5,180,200	4,735,100	4,190,500	3,683,000	3,125,900	2,807,300	2,505,500	2,260,500
10	5,747,100	5,325,800	4,869,900	4,317,200	3,804,600	3,229,800	2,901,300	2,587,500	2,336,400
11	5,910,800	5,472,100	5,004,900	4,445,100	3,918,200	3,328,400	2,990,000	2,667,000	2,409,000
12	6,079,900	5,623,300	5,144,900	4,565,500	4,027,800	3,425,500	3,077,200	2,744,600	2,481,100
13	6,250,000	5,775,600	5,275,000	4,678,100	4,131,800	3,516,800	3,159,900	2,819,200	2,550,200
14	6,420,600	5,913,300	5,395,800	4,783,100	4,228,800	3,603,000	3,239,000	2,890,400	2,617,200
15	6,569,600	6,040,400	5,507,100	4,882,000	4,320,400	3,685,900	3,314,500	2,958,900	2,681,400
16	6,701,900	6,156,800	5,610,900	4,975,300	4,406,600	3,763,500	3,386,000	3,025,000	2,743,500
17	6,819,300	6,264,000	5,707,400	5,062,000	4,487,700	3,837,500	3,454,600	3,086,700	2,804,200
18	6,923,800	6,361,900	5,797,300	5,142,900	4,564,300	3,907,500	3,520,200	3,146,600	2,860,700
19	7,017,400	6,452,500	5,879,900	5,218,500	4,636,400	3,974,000	3,582,000	3,204,000	2,916,100
20	7,101,300	6,535,000	5,957,600	5,289,100	4,704,000	4,036,500	3,640,800	3,258,800	2,969,200
21	7,178,600	6,610,500	6,029,400	5,355,200	4,767,600	4,096,600	3,697,000	3,311,100	3,019,000
22	7,247,400	6,679,800	6,096,100	5,417,100	4,827,300	4,153,200	3,750,000	3,361,300	3,067,000
23	7,305,600	6,743,100	6,157,500	5,475,200	4,883,800	4,206,300	3,801,300	3,409,100	3,112,600
24		6,794,900	6,214,900	5,530,000	4,936,400	4,256,800	3,849,900	3,455,300	3,156,600
25		6,844,400	6,262,000	5,580,100	4,986,300	4,305,000	3,896,000	3,499,000	3,198,500
26			6,307,000	5,622,500	5,033,300	4,350,400	3,940,300	3,541,500	3,236,100
27			6,348,700	5,661,700	5,072,200	4,393,500	3,977,600	3,576,900	3,268,800
28				5,699,100	5,109,500	4,429,700	4,012,400	3,610,900	3,300,200
29					5,143,900	4,463,600	4,046,100	3,643,200	3,330,500
30					5,177,300	4,497,000	4,078,200	3,674,400	3,359,900
31						4,528,000	4,108,400	3,704,700	3,388,800
32						4,557,300			

15 직무교육과 직무기술서

○ 집합·사이버 교육과 내부 통신망 활용 직무능력 향상 가능
○ 직무기술서가 잘 구비되어 있어 초임자도 단위업무 즉시 수행

직무교육은 법무연수원 집합교육과 사이버교육, 검찰 내부통신망인 e-PROS 등을 통해 가능하다. 법무연수원은 검찰수사관의 수사능력 향상과 직무 전문화를 위한 다양한 집합교육과정을 운영한다.

예를 들어, 수사경험이 없는 8급 수사관을 대상으로 수사기록을 주고 피의자신문조서, 의견서를 작성하는 과정을 운영한다. 또한, 사건 실무, 수형·보존 실무, 재산형 집행 실무 등 직무 전문화 과정을 개설하고 있다. 집합강의 외에도 여러 사이버강의를 수강하여 원하는 분야의 역량 향상이 가능하다.

검찰 e-PROS는 모든 정보를 갖춘 보물창고와 같다. 수사참고자료, 각종 법령, 정보보고, 검찰행정 분야별 자료 등 원하는 모든 자료가 들어 있다. 단언컨대, 공부하겠다는 마음만 있으면 무엇이든 접근 가능하다.

검찰행정 분야는 직무기술서가 잘 구비되어 있다. 직무기술서란 검찰행정 단위업무별로 업무처리 흐름도, 관련법령, 업무에

주의해야 할 사항, 사무 감사 지적 사항 등을 꼼꼼하게 기술한 업무 매뉴얼이다.

예컨대, A수사관이 집행과에 처음 배치 받아도 걱정할 필요가 없다. 유치집행, 전자압류, 조정, 추징, 분납 등과 같은 각 단위 업무별로 세세한 업무설명이 되어 있어 큰 어려움 없이 업무를 시작할 수 있다.

직무기술서는 각급 검찰청이 대검 또는 고검의 사무 감사를 받을 때 감사장에 비치하는 필수 목록이다. 이런 제도적 장치 때문에 최신자료가 수시로 업데이트 되고 있다.

16 상황실 근무와 사무 감사

○ 상황실은 검찰업무의 24시간 연장선
○ 매년 각급 검찰청은 대검 등의 사무 감사 수감

일반 행정기관은 직원들이 야간, 주말, 휴일에 당직을 선다. 이런 당직실은 주로 민원인 전화 응대, 청사관리, 비상시 직원 연락 등의 업무를 수행한다.

검찰청도 일반 행정기관의 당직과 유사한 상황실 근무를 한다. 그런데 일반 행정기관의 당직과는 일의 성격이 조금 다르다. 그래서 명칭도 '상황실 근무'이다. 검찰청 상황실은 '24시간 검찰업무'의 연장선 이라고 보면 된다.

상황실은 검찰수배자, 벌금 미납자 등이 검거되어 오면 신병을 인계받아 조사, 석방, 영장집행, 보호유치 집행 등의 후속 조치를 취해야 한다. 또한, 자유형미집행자, 공판정불출석 피고인, 벌과금 미납자가 검거되어 오면 교도소로 인계를 하거나 벌과금 납부업무를 처리해야 한다. 각종 영장에 대한 신청, 청구, 발부 업무를 처리해야 하는 곳도 상황실이다. 민원인에 대한 전화 응대, 청사관리, 비상연락은 부수적 업무에 불과하다.

이렇듯 상황실 근무는 업무가 과중하여 검찰수사관들은 많은 스트레스를 호소한다. 이의 대안으로 규모가 큰 검찰청은 상황실 근무만을 전적으로 담당하는 수사관이 있어서 호응을 받고 있다. 하지만, 규모가 작은 청은 인력문제로 상황실 전담제가 어려운 실정이다.

각급 검찰청은 매년 대검 또는 고검의 사무 감사를 받는다. 사무 감사를 받으면 1년 농사가 지나갔다는 이야기도 한다. 사무 감사는 준비에 많은 노력이 들어가지만 긍정적 측면도 있다. 전국적·통일적으로 시행되어야 하는 검찰행정 업무를 전체적 차원에서 점검할 수 있는 기회이고, 단위업무에 대한 전반적 컨설팅을 받는다고 본다면 그리 나쁘지 않은 기회이다.

요즘 사무 감사에서는 업무에 대한 지적·점검뿐 아니라 우수 직원 발굴·격려, 우수 행정사례 공유 등 새로운 차원에서 접근하고 있다.

17 복지

> ○ 휴양시설, 예식장, 독신자숙소, 맞춤형복지, 직장어린이집, 검찰상호부조제도 등 운영

　검찰수사관은 다양한 복지혜택을 받을 수 있다. 먼저, 휴양지 숙박시설로 전국 각지의 유명 호텔과 콘도 등 휴양시설을 저렴한 가격에 이용할 수 있다. 예컨대, 홍천의 대명리조트, 대천의 한화리조트, 안면도의 리솜리조트, 속초의 롯데리조트, 제주의 금호리조트 등이 이용 가능한 리조트이다. 성수기를 제외하면 예약이 어렵지 않아 많은 검찰구성원이 가족여행에 이용하고 있다.

　검찰은 2019년에 제주도 서귀포시에 '프로스 힐(검찰제주수련원)'이라는 수련원을 개원했다. 검찰의 공식행사가 없는 날에는 검찰구성원에게 수련원을 개방하고 있다.

　대검찰청에 '예그리나 홀'이라는 예식장이 있어 검찰청 직원 및 퇴직자 자녀가 이를 사용한다. 시설이 깨끗하고, 넓을 뿐 아니라 이용료가 저렴하여 수도권에 근무하는 많은 검찰수사관이 대검찰청 예식장을 이용한다.

　수도권에는 서울 문래동에 카튼빌, 서울 문정동에 라온빌

이라는 비상대기소(독신자숙소)를 운영하고 있다. 수도권에 근무하는 지방거주자가 숙소로 사용할 수 있다. 또한, 지방검찰청 일부에도 자체적으로 독신자숙소를 운영하고 있는 곳이 늘고 있어, 초급 수사관 주거문제에 도움을 주고 있다.

검찰을 포함한 일반 공무원에게는 맞춤형복지제도가 시행되고 있다. 매년 맞춤형 복지 포인트가 배정되면 본인과 가족의 생명·상해에 대한 보험을 의무적으로 가입해야 한다. 포인트 충당 후 나머지 복지 점수로는 일상에서 사용한 카드사용료로 보전받을 수 있다.

서울고검, 서울동부지검, 수원고검 등에 직장 어린이집을 운영하고 있어 출근길에 자녀와 동반 출근하고, 퇴근에 자녀와 함께 귀가하는 혜택을 누릴 수 있다. 또한, 건강검진과 관련하여 삼성서울병원, 서울아산병원 등 시설이 좋은 병원과 협약을 맺고 있어 할인된 가격으로 건강검진을 받을 수 있다.

전국 검찰구성원이 의무적으로 가입하는 검찰 상호부조제도가 시행되고 있다. 재직 중 검찰구성원이 사망을 하면 그 직원의 유가족에게 약 1억 2천만 원 상당의 지원금과 장례서비스 등을 제공한다.

대검찰청 복지후생과는 검찰수사관을 비롯한 검찰공무원의 복지문제를 담당하고 있다. 전담부서가 많은 노력을 하고 있어 더 좋은 복지환경이 마련될 것으로 보인다.

사무국과 검찰수사관

사무국은 사무국장이 검찰행정을 총괄하며, 총무과, 사건과, 집행과, 수사과, 조사과로 구성된다. 사무국에는 검찰수사관, 실무관, 행정관 등 다양한 직렬이 근무하며 검사는 근무하지 않는다.

제4장 사무국과 검찰수사관

1. 사무국 구성
2. 총무과 ①
3. 총무과 ②
4. 사건과 ①
5. 사건과 ②
6. 집행과 ①
7. 집행과 ②
8. 집행과 ③
9. 수사과 ①
10. 수사과 ②
11. 조사과

01 사무국 구성

> ○ 사무국은
> - 검찰행정 담당의 총무과, 사건과, 집행과와 수사 담당의 수사과, 조사과
> - 검사를 제외한 다양한 직렬이 근무

　검찰청 사무국은 검찰행정을 담당한다. 검찰행정은 일반 행정기관의 행정행위와는 다소 차이가 있다. 기관 운영을 지원하는 총무과 업무를 제외하고는 주로 수사, 공판, 형 집행을 지원하는 역할이다.

　사무국은 6개 고등검찰청, 18개 지방검찰청, 9개 차장검사가 설치된 지청(예컨대, 성남지청, 안산지청 등)에 설치되어 있다. 사무국이 설치되지 않은 검찰청에는 사무과가 그 역할을 대신한다. 사무국장은 고위공무원단 나급 또는 3급이 보임한다. 사무국장은 사무국 소속 부서 업무를 총괄한다.

　사무국 소속에는 검찰행정을 담당하는 총무과, 사건과, 집행과, 수사업무를 담당하는 수사과, 조사과가 있다. 규모가 큰 청에서는 검찰행정과 수사부서의 업무가 세분화 되어있다. 예컨대, 서울중앙지검 사무국 소속으로 형사증거과, 기록관리과, 피해자지원

과가 별도로 설치 되어있다. 수사부서는 수사정보과, 조직범죄과, 마약수사과, 공판과, 공판송무과, 공공수사지원과 등이 대규모 청에서 운영되고 있다. 수사과와 조사과는 사무국 소속이지만 수사업무에 관해서는 검사의 지휘를 받는다. 과장은 통상 4급이 보임한다.

사무국에는 검사가 근무하지 않지만 검찰수사관, 실무관, 행정관 등 다양한 직렬이 근무하고 있다.

〈사무국 배치도〉

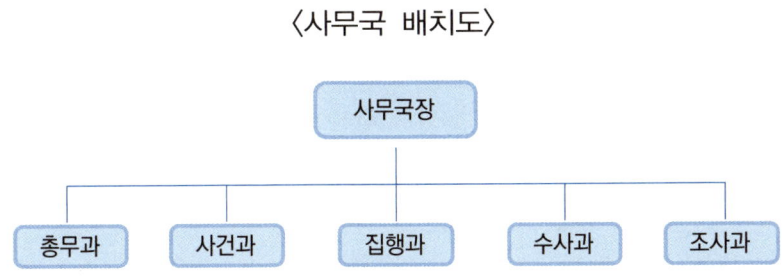

02 총무과 ①

> ○ 총무과는 해당 청이 원활하게 운영되도록 총괄지원 역할 수행
> - 외부기관, 상부기관과 접촉하는 창구(수사제외)
> - 인사관리, 행사, 예산집행, 청사관리, 정보통신장비 관리 담당

총무과는 해당 검찰청이 원활하게 운영되도록 지원하고, 검찰청 구성원이 불편 없이 직무를 수행하도록 돕는 부서이다. 수사 분야를 제외하고, 사람, 물건, 문서 등 검찰청으로 들어오고 나가는 것은 대부분 총무과를 거친다고 보면 된다.

따라서 총무과는 기관장을 포함한 검사, 검찰수사관, 실무관이 검찰청으로 전입하고 전출할 때, 검찰청에 사용할 책상, 컴퓨터, 복사용지가 들어올 때, 외부기관이 검찰청과 업무로 접촉할 때, 상부기관이 중요 지시사항을 보낼 때 관여한다.

총무과는 인사업무 담당부서로서 기관장의 인사업무를 보좌한다. 예컨대, 검사를 포함한 검찰구성원이 검찰청에 전입하면 총무과는 기관장을 보좌하여 검찰구성원의 근무부서를 배치한다. 복무사항도 총무과 소관이다. A수사관이 육아휴직을 하려면 총무과 복무담당직원과 협의를 해야 한다. 복무담당은

필요한 서류를 알려주고, 휴직 시 유의사항 등을 설명해 준다.

청사 건물의 도색작업과 배관공사, 청사 주차장, 조경수 관리도 총무과의 관할이다. 구내식당 관리, 여름철 에어컨 가동, 겨울철 난방기 가동과 같이 검찰구성원이 불편 없이 근무하도록 지원하는 것도 마찬가지이다.

총무과장은 4급(검찰수사서기관)이 보임하고, 총무과에는 총무계, 재무계, 정보통신계로 구성되어 있다. 계장은 6급 또는 7급이 맡는다. 청사관리, 청사방호, 청사청소 인력도 모두 총무과 소속이다.

〈총무과 배치도〉

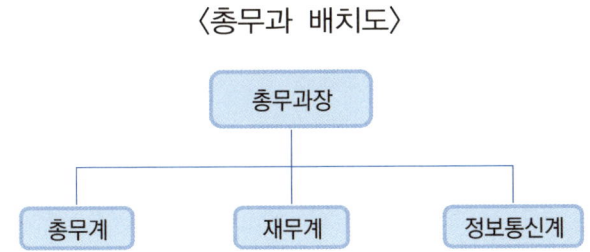

03 총무과 ②

> ○ 총무계는 공무원 인사관리, 문서관리, 행사, 보안 담당
> ○ 재무계는 예산지출, 청사관리, 물품관리, 영치 담당
> ○ 정보통신계는 컴퓨터, 정보보안, 정보시스템 담당

총무계는 소속직원의 인사관리에 관한 사항을 처리한다. 예컨대, A수사관이 검찰수사관으로 임용된 순간부터 퇴직할 때까지 그의 이력(인사이동 내역, 승진 이력, 교육훈련, 표창 및 징계사항 등)을 관리한다. 따라서 A수사관이 은행에 대출을 받기 위해 재직증명서를 발급받으려면 총무계에 요청해야 한다.

총무계 인사담당은 승진과 관련된 근무성적평정을 담당한다. 근무성적평정은 사무국장 주재 회의, 차장검사 주재 회의 등 준비해야 할 일이 많다. 그밖에도 검찰구성원 복무, 교육사항, 청렴실적과 같은 상부기관 평가사항도 총무계가 주관한다.

각종 행사를 주관하는 곳도 총무계이다. 시무식, 종무식, 사무감사, 국정감사, 월례조회, 현충일 참배, 기관장 이·취임식, 직원 전입·전출 신고, 지도방문 등 많은 행사를 담당한다. 요즘 검찰은 의전과 행사의 간소화를 추진하고 있어 예전보다 행사 담당 수사관의 부담이 많이 줄었다.

재무계는 급여와 출장비, 물품구입 등 예산이 지출되는 분야를 담당한다. 또한, 청사 시설이 불편함이 없도록 유지하고 보수하는 일, 관사와 구내식당을 점검하는 일, 영치품(압수한 물품 관리)을 관리하는 일을 맡는다. 영치품 중 마약류 폐기는 보건소로 직접 가지고 가서 폐기과정을 촬영하는 등 엄격히 관리한다.

정보통신계는 검찰청에서 사용하는 정보통신기기를 종합적으로 관리한다. 컴퓨터, 복사기 등을 들여오는 일, 인터넷 회선 망과 전화선 관리, 정보화 장비 관리 등을 담당한다.

〈현직 인터뷰 ⑩ : 총무과 재무팀장〉

검찰7급 손○석(부산지검 동부지청 총무과)

문 : 본인의 검찰 경력 소개를 부탁해요.

답 : 2002년 검찰9급 공채에 합격하여 2002년 임용된 이후 19년 정도 검찰에서 근무하고 있습니다. 그 동안 검찰행정부서에서 9년, 수사부서에서 10년 정도 근무하였고, 2019년 8월부터 현재까지 부산동부지청 총무과 재무팀장으로 근무하고 있습니다.

문 : 재무팀장은 어떤 업무를 담당하나요?

답 : 각 청의 규모나 사정에 따라 재무팀에서 담당하는 업무가 조금씩 차이는 있 수 있지만 부산동부지청을 기준으로 말씀드리겠습

니다. 먼저, 재무팀에서 가장 본연의 업무라고 할 수 있는 것은 각 검찰청에서 필요한 예산의 재배정을 법무부에 요청하고, 법무부로부터 배정받은 예산을 차질 없이 집행하는 업무입니다. 법무부로부터 배정받은 예산으로 출장비와 같은 각종 여비와 수당을 지급하고, 업무에 필요한 물품을 구매하거나 청사 관리에 필요한 공사를 진행하는 등 예산이 수반되는 모든 업무를 재무팀 소속 담당자들이 각자 처리하고 있는데 재무팀장은 각 담당자들이 규정에 맞게 제대로 잘 처리하도록 챙기는 역할을 합니다. 또한, 재무팀장은 시설관리팀과 협력하여 보일러, 배관, 전기시설, 보안시설, 조경수, 주차장 등 검찰청사 시설이 잘 유지되도록 관리하는 일, 검찰청사에 대한 방역을 실시하는 일에 대해서도 관여합니다. 검찰청이 관사를 새롭게 구입하거나 임대차 계약을 하는 일, 구내식당 위탁운영업체의 선정과 음식 질이 좋아지도록 협의하는 일은 제가 직접 담당합니다. 그리고 형사 사건과 관련된 압수물을 보관하거나 담당 검사의 환부, 폐기 등 처분 명령에 따라 처분하는 영치(압수한 물품을 관리하는 업무)업무도 재무계장이 신경을 쓰는 분야입니다. 그 뿐만 아니라 사무실 배치 및 관리, 배차 및 관용 차량 관리, 직장상조회 운영 등 검찰청에서 근무하는 모든 사람들이 각자의 업무를 차질 없이 수행할 수 있도록 지원하는 업무를 담당하고 있다고 할 수 있습니다.

문 : 재무계 관리자로서 재무계 수사관들을 평가 한다면?

답 : 재무계에는 현재 3명의 여성 수사관과 1명의 여성 실무관이 근무하고 있어서 저를 제외한 모든 담당자는 여성으로 구성되어 있습니다. 과거에는 여성 수사관이 별로 없었지만 요즘 9급 공채 수사관 중 여성 수사관의 비율이 50%에 이른다고 하니

특별한 상황은 아닌 것 같습니다. 그리고 꼼꼼하게 회계 관련 규정을 확인하고 지출에 필요한 서류를 차분하게 확인해야하는 재무계 업무의 특성상 여성 수사관들이 남성 수사관들 보다 훨씬 더 높은 성과를 달성할 수 있는 분야 중 하나가 아닌가 생각합니다. 지금 현재 함께 근무하는 수사관들 또한 하나같이 자기가 맡은 업무에 대해 책임감을 가지고 열심히 하는 모습이 너무 든든합니다.

문 : 요즘 젊은 수사관들에게 바라는 점이 있다면?

답 : 과거에는 검찰청에 근무하는 수사관들 대부분이 남성이었기 때문에 군대와 같은 선후배 간의 상하 문화, 단체 문화가 있었던 것이 사실이고, 요즘과 같은 수평 문화로의 변화 과정에서 조금은 당황스럽고, 아쉬움이 남기도 하였습니다. 하지만, 검찰청 8·9급 수사관 대부분이 집단보다 개인의 행복을 중요시하는 MZ세대로 구성된 지금은 회식 문화의 변화, 자유로운 연가 사용 등을 통하여 각자가 자신의 행복을 추구하고, 충전된 에너지를 바탕으로 회사에서 자신의 맡은 업무를 충실히 수행하는 모습을 보면 시대 흐름에 따른 사회적인 모습의 변화일 뿐 변화가 나쁜 것은 아니라고 생각합니다. 본인 스스로 행복하지 않은 사람은 다른 사람에게 행복을 줄 수 없고, 자신이 맡은 일을 완벽히 처리할 수 없으니까요. 다만, 요즘 세대들의 개인적인 성향으로 인해 각자 자신이 맡은 업무는 열심히 처리하지만 경험이 많은 선배가 경험이 부족한 후배에게 업무 처리 노하우를 전수하는 부분은 조금 약화된 것이 아닌지 하는 걱정은 조금 됩니다. 각자의 행복을 추구하되 가끔은 하나로 끈끈하게 뭉치는 모습도 필요하지 않을까 생각합니다.

검찰수사관은 무슨일을 하나요?

문 : 수사부서 10년, 행정부서 9년을 근무하였다고 하였는데 수사부서 근무 시 가장 기억에 남는 일은 무엇인가요?

답 : 2013년경 부산지검 동부지청에 설치된 원전비리수사단에서 근무하면서 잠적한 브로커 A를 검거하기 위해서 선배 수사관들과 함께 며칠 동안 행적을 쫓아 서울과 인천을 끈기 있게 뒤지다가 작은 단서 하나가 불씨가 되어 인천 어느 섬에서 숨어 지내던 A를 검거하여 구속하고, 며칠을 밤을 새며 조사하여 윗선을 밝혀서 구속시켰던 일이 가장 기억에 남습니다. 지금 돌아보면 육체적으로는 정말 힘들었지만 국민들의 안전과 직결되는 원자력발전소의 운영과 관련되는 거악을 척결하는데 일조하였다는 자부심, 선후배가 합심하여 머리를 맞대고 일을 해결해냈다는 성취감으로 모두 보상 받을 수 있었던 것 같습니다.

문 : 참고로 더 할 말이 있나요?

답 : 처음 제가 검찰에 들어왔을 때와 지금의 수사 환경은 비교할 수 없을 만큼 많이 변화하였고, 실체적 진실을 밝히기 위한 수사 과정이 예전보다 더 어려워진 것은 사실입니다. 하지만, 앞으로 검찰을 이끌고 갈 MZ세대 수사관들이 검찰에 들어오면서 가졌던 초심만 잃지 않는다면 MZ세대 특유의 솔직한 의사소통, 환경 변화에 대한 유연한 대처를 바탕으로 우리 사회의 공정과 정의 실현에 일조할 수 있을 것이라고 믿습니다.

04 사건과 ①

> ○ 사건과는 개별 사건의 출발부터 종결까지 전체 과정을 지원
> – 사건 접수·배당, 영장 접수·처리, 기소중지 관리 등 사건처리 전담

사건과는 개별사건의 접수부터 종결까지 전 과정에 관여한다. 사건이 접수되면 사건번호를 부여하고 검사실로 배당하는 업무, 영장 접수와 처리, 사건에 부수된 압수물 관리, 사건의 재기, 항고, 재정신청 등은 모두 사건과를 거친다.

경찰과 검사의 업무 창구역할도 사건과이다. 예컨대, 경찰은 변사(사인이 명확하지 않은 죽음)사건이 발생하면 사체를 부검할지 여부 등을 검사의 지휘를 받아 처리하는데 이때에도 사건과를 경유한다.

제1장에서 2020년 수사대상자가 240만 명이고, 이들은 모두 ① 불기소처분(검찰단계에서 종료), ② 기소(법원 공판단계로 진행), ③ 송치결정(군 검찰 이송 등) 중 하나로 종결된다고 했는데, 240만 명이 수사종결 될 때까지 관리하는 곳이 사건과이다.

사건과는 사건을 접수하면 전산실에서 전산입력 등의 절차를 거쳐 접수담당 수사관의 작업을 통해 사건 기록이 수사검사실로

검찰수사관은 무슨일을 하나요?

넘겨진다. 이 과정을 배당이라고 하는데, 통상 각 검찰청의 차장검사가 '배당 처리 기준'에 따라 실시한다.

수사대상자 중 일부는 수사과정에서 구속영장·계좌추적영장·통신영장 등이 집행된다. 사경이 영장을 신청하면 검사는 기각하거나 판사에게 청구하고 판사는 검사가 청구한 영장을 발부하거나 기각한다. 사건과는 이런 영장업무 전 과정이 원활하게 운영되도록 지원한다.

사건과는 이밖에도 압수물 처리사무, 기소중지자 검거 등에 따른 사건의 재기(사건번호를 다시 부여받아 수사개시), 각종 증명서 발급, 처분결과 통지, 형사조정업무 지원 등도 담당한다.

〈사건과 배치도〉

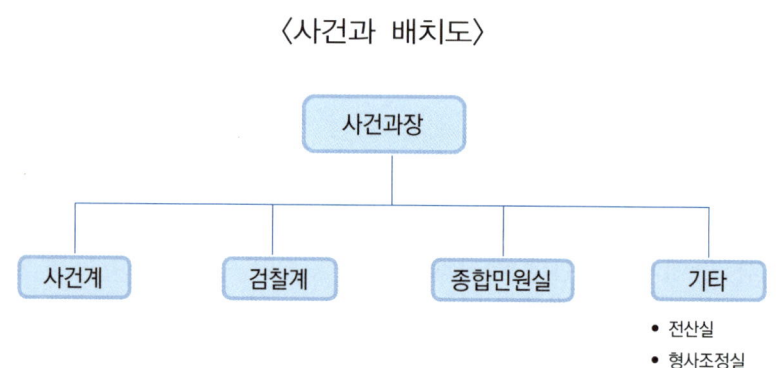

〈현직 인터뷰 ⑪ : 사건과 근무〉

검찰8급 나○지(수원지검 성남지청)

문 : 본인의 검찰 경력 소개를 부탁해요.

답 : 2016년 검찰 9급 공채에 합격하여, 2017년 1월 정식발령을 받아 서울중앙지검 기록관리과에서 첫 근무를 하였습니다. 이후 서울중앙지검 형사증거과에서 근무하였고, 2020년 8월 8급으로 승진하여 지금은 수원지검 성남지청 사건과에서 영장업무를 담당하고 있습니다.

문 : 영장업무를 간략히 소개하면?

답 : 저는 구속영장과 통신영장을 담당합니다. 영장접수, 청구, 발부, 발부 후 인계까지의 전 과정을 지원합니다. 사법경찰관(검찰청 수사과, 경찰, 특별사법경찰)이 구속, 통화내역확인, 위치추적 영장을 신청하면, 이를 접수하여 검사실에 배당합니다. 검사는 영장을 검토하여 ① 청구가 타당하다고 생각하는 경우 법원에 청구를 하고, ② 법률적인 요건 미비, 청구의 필요성과 상당성 부족 시에는 기각을 하거나 미비한 부분에 대해 보완수사요구를 통해 다시 영장을 접수하여 법원에 청구합니다. 이후 청구된 영장은 법원에서 발부 및 기각 여부를 판단하여 다시 검찰청 사건과로 인계되면 영장을 신청한 곳에 다시 인계해 줍니다.

문 : 하루 업무의 흐름을 시간순서대로 간략히 설명하면?

답 : 아침 9시 30분에 주요 관할 경찰서 5곳으로부터 하루 평균 60

건의 영장이 접수되기 시작합니다. 사건관리시스템을 통해 접수된 기록과 일치하는지 전산을 확인하고, 시스템에 배당 검사님을 입력하면 진행번호라는 영장관리 번호가 생성됩니다. 그러면 접수인 도장을 찍고 해당 번호를 기입한 후 검사실로 기록을 인계합니다. 대부분 오전 11시쯤 하루 접수건수 중 95%가 끝나고 나머지 5%는 오후에 접수됩니다. 하루에 보통 한번 법원에 영장을 접수하지만 사후영장 같은 경우 청구시한이 정해져있기 때문에 이러한 긴급한 영장의 경우 수시로 법원에 접수하러 갑니다. 오후 4시쯤 전날 법원에 청구한 영장이 인수됩니다. 발부된 영장은 관서별로 분류하고 해당 관할 경찰서 송부함에 넣어둡니다. 만약 구속영장이 기각된 경우에는 관할 경찰서에 팩스를 보내 신속히 피의자를 석방 하도록 합니다. 오후 5시 30분쯤 검사실에 배당했던 영장이 오면 영장청구서를 시스템에서 출력하여 기록과 전산이 일치하는지 확인한 후 법원에 접수하러 갑니다. 접수 후에 하루 영장 통계를 작성하면 하루 일과가 끝나게 됩니다.

문 : 업무를 하면서 가장 신경이 쓰이는 부분은?

답 : 영장업무 중 사후영장은 48시간 이라는 불변기간의 제한을 받습니다. 예컨대, 긴급체포 후 48시간이 경과하여 구속영장을 법원에 청구하면 불변기간 도과가 됩니다. 청구영장 및 발부영장 등 많은 영장을 처리하다 보면 이런 점을 간과할 수 있는 가능성이 있어 항상 신경써야 합니다. 또한, 구속영장이 법원에서 기각된 경우 신병을 신속하게 석방하여야 하기 때문에 구속영장 기각 시에는 필히 신병 석방 여부를 확인하는 것 역시 제일 신경써야하는 업무입니다.

문 : 사후영장은 48시간이 임박하면 담당자-계장-과장의 컴퓨터에 알림창이 구현되도록 시스템이 운영되는데 도움이 되는가요?

답 : 아무래도 담당자 외에 다른 사람이 한 번 더 챙겨줄 수 있어서 심적으로 도움이 되며, 담당자 역시도 다시 한 번 확인 할 수 있어 도움이 많이 되고 있습니다.

문 : 여성수사관으로서 검찰생활에 어려운 점은 없나요?

답 : 요즘 입사하는 수사관의 절반 이상이 여성수사관이고 예전에 비해서는 여성수사관들의 인식이 많이 달라져서 생활하는 데 어려움이 없습니다.

문 : 선배, 후배, 동료들과의 모임은 자주 있나요?

답 : 동기들과는 매주 1회 동기점심을 합니다. 코로나 이전에는 동기들, 선배님들, 후배들과 같이 점심이나 저녁식사를 하면서 친분을 쌓기도 했는데 요새는 코로나라 예전보다는 모임 횟수가 많이 줄어든 것 같습니다.

문 : 추가로 더 할 말이 있나요?

답 : 검찰청에서는 많은 일들을 하고 있습니다. 모든 검찰청 직원이 국민을 위해 각자 제자리에서 열심히 일하고 있다는 것을 많은 분들이 알아주셨으면 좋겠습니다.

05 사건과 ②

> ○ 사건과는 민원실, 형사조정·범죄피해자 지원업무 등을 담당

사건과의 중요 업무 중 하나는 민원실을 담당한다. 민원실은 민원서류접수와 발급, 민원 사건 상담, 고소·고발장 접수 등을 처리한다. 민원서류는 불기소이유고지청구, 출국금지해제신청, 지명수배해제신청, 항고장 접수증명, 사건재기신청, 사실증명 등 다양하다.

어느 검찰청이든 민원실을 수시로 방문하는 유명한(?) 민원인 때문에 담당 수사관은 꼬투리를 잡히지 않기 위해 조심하고 조심한다. 가끔 벌어지는 상식 밖의 민원인 행동과 '욕받이'를 당하는 수사관을 바라볼 때 안쓰럽고, 짠하다. 이런 경우에 해결사는 민원실장 등 고참 계장이다. 풍부한 검찰경험을 바탕으로 유연하게 교통정리(?)를 한다.

형사조정지원, 범죄피해자지원을 전담하는 수사관의 소속도 사건과이다. 형사조정은 주로 개인 간 금전거래, 명예훼손과 같은 사건에 대해 조정을 하며, 조정위원은 변호사, 교사, 언론인, 법무사와 같은 지역사회 인사들이 참여한다. 조정이 성립되면 피해자는 재산적 피해의 일부를 합의금 등으로 받을 수 있어 피해가

실질적으로 회복되는 효과가 있고, 분쟁이 종국적으로 해결되는 효과가 있다.

범죄피해자지원 업무는 범죄피해를 당한 당사자, 가족 등에게 금전적 지원을 하거나 신변보호 지원을 한다. 치료비, 장례비, 생계비, 학자금 지원과 같은 금전적 지원이 있고, 피해자의 요청이 있으면 담당 수사관이 법정에 함께 동행 하는 신변보호 지원이 있다. 또한, 국가가 피해자에게 피해금을 우선 지원 하고, 추후 가해자를 상대로 구상권 소송을 제기하는 업무도 처리한다.

06 집행과 ①

> ○ 집행과는 형 집행, 수형·기록보존, 기록 열람·등사 업무를 담당

집행과는 형 집행, 수형, 기록보존, 기록 열람·등사 업무를 담당한다. 형 집행은 재판이 확정되면 그에 맞는 집행을 하는 업무로서 자유형집행과 재산형집행이 있다.

자유형집행은 자유형집행 대상자에 대한 재판확정 처리, 석방, 보석, 형집행정지, 집행유예 실효 및 취소, 상소권회복, 재심 등의 업무를 처리한다. 그 중 자유형 미집행자를 검거하여 교도소로 인계하는 업무가 힘든 일이다.

재산형집행은 재산형이 확정된 피고인에 대한 집행업무를 수행한다. 첫 단계는 '조정'인데, 구체적으로 벌과금 액수를 조사하여 결정하는 것이다. 예컨대, A피고인이 벌금 300만원이 확정되었는데 2일간 현행범체포 되었고, 1일 통산액이 10만원이라면 20만원을 공제하여 실제 납부할 조정금액은 280만원이 된다.

수형업무는 자격정지 이상의 형을 받은 수형인의 명부를 작성·관리하고, 해당 등록기준지 지방자치단체에 수형인명표와

부기사항을 송부하는 업무이다. 신원증명의 근거가 되고, 선거권 유무에 영향을 미치는 중요한 업무이다.

기록보존 업무는 사건기록과 재판서(판결문) 기타 검찰청에서 처리된 문서를 건별, 처분 종류별, 형의 시효별로 보존하는 업무이다. 보존기간이 만료되면 기록은 폐기한다.

기록 열람·등사 업무는 불기소기록, 확정기록 등을 관련법령에 따라 열람·등사하는 업무이다. 지자체, 공공단체 등이 요청하는데, 그 중 하나가 법원의 문서송부촉탁이다. 다른 사건 재판 중 형사기록을 등본해 달라는 서증조사 협조의뢰가 오면 필요한 부분을 등본으로 송부한다.

〈집행과 배치도〉

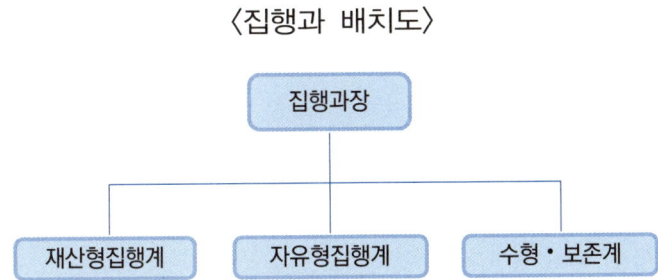

〈현직 인터뷰 ⑫ : 집행과장〉

검찰4급 소○호(대구지검 집행과장)

문 : 본인의 검찰 경력 소개를 부탁해요

답 : 저는 2011년 5급 공채 검찰직에 합격하여 2012년부터 검찰에서 근무하였습니다. 서울중앙지검 형사부 참여수사관, 서울남부지검 조사과 수사사무관, 대검찰청 미래기획단 검찰사무관, 서울남부지검 검사직무대리, 서울중앙지검 총무과 기획사무관 등을 거친 후 2021년 2월 4급(검찰수사서기관)으로 승진하여 현재 대구지검 집행과장으로 근무하고 있습니다.

문 : 집행과 업무 중 신경을 많이 쓰는 업무는 무엇인가요?

답 : 집행과는 재산형(벌금, 추징 등) 집행사무와 보존사무를 주로 처리합니다. 재산형 집행사무의 경우 벌금 납부를 회피하고 잠적한 고액 벌금 미납자를 검거하는 과정에서 양쪽 당사자가 다칠 수 있으므로 사고 예방에 가장 신경을 쓰고 있습니다. 형집행장 발부 후 지명수배 된 고액 벌금 미납자는 고의적으로 집행기관의 추적을 피해 잠적해 있는 것이 보통입니다. 집행기관이 통신조회 등 추적을 통하여 미납자의 소재를 파악한 후 소재지로 출동하여 맞닥뜨릴 경우 미납자가 격렬히 저항하여 양쪽 다 다칠 수 있는 위험한 상황이 가끔 벌어집니다. 저는 검거 담당 수사관들에게 적법절차에 의거하여 조심히 업무를 수행하라고 당부합니다.

근래 큰 관심을 기울이는 집행 분야는 추징을 꼽을 수 있습니다. 불법재산은 몰수해야 하고 불법재산을 몰수할 수 없거나 몰수가 곤란한 경우 범인으로부터 가액을 추징하므로 몰수·추징, 특히 추징은 범죄수익환수의 제도적 실현으로 볼 수 있습니다. 범인이 차명으로 불법재산을 은닉하는 등 자금세탁을 한 경우 은닉재산을 추적하여 환수하는 업무는 형 집행의 완성이자 종국적인 불법수익의 박탈이며 범죄피해자 지원과도 연계되어 날로 중요해지고 있습니다. 관련하여 FIU(금융정보분석원) 협조, 계좌추적, 민사상 강제집행 등 다양한 추징 집행기법을 연구하는 한편 실무에도 적용하고 있습니다.

보존사무는 사건기록·재판서 기타 검찰청에서 처리된 문서의 보존·관리에 관한 사항을 말하며 검찰수사관은 기록 분류, 기록보존기간 결정, 기록대출 및 민원처리 등 이른바 아키비스트(archivist)의 역할을 수행한다고 보시면 됩니다. 또한 기록의 분실이나 잘못된 폐기 등 보존, 관리상 오류가 발생하지 않도록 관련 부서와 교차 점검하는 등 항상 유의하고 있습니다. 보존사무 중 사건관계인에 대한 사건기록 열람·등사는 국민의 기본권과 관련하여 인정되고 있어 국민 권익 보호와도 밀접한 업무입니다. 3년 후 형사절차 전자화가 시행되면 변화가 클 것으로 예상됩니다.

문 : 각 청마다 집행실적을 평가하고 있는데 이에 대한 과장님의 생각은?

답 : 대검찰청은 규모가 비슷한 청끼리 그룹을 지어서 1년에 2회 집행실적을 평가합니다. 우리 대구지검은 1그룹에 속해 있고, 7개 청이 경쟁하고 있습니다. 다른 청과 끊임없이 비교하여 우리 부서의 부족한 점을 찾아보고 개선방안을 마련하여 적용하는 작업은 과장과 담당자에게 힘들고 부담이 될 수도 있습니다.

하지만 법집행 확립이라는 목표의 실현을 위해서 필요불가결한 점이 있다고 생각합니다. 또한 실제로 평가지표상 수치가 개선되었을 때 다소나마 보람을 느끼기도 합니다. 긍정적으로 본다면, 일종의 외부 진단 컨설팅을 떠올리시면 어떨까 싶습니다. 합당한 지표가 선정되어 상호간 평가가 이루어지면 우리 부서의 업무 실태를 객관화하여 평가·측정할 수 있는 기회가 될 수 있습니다. 결국 장기적으로 보면 능률적인 직무수행과 집행 업무 개선에 도움이 된다고 생각합니다.

문 : 집행업무를 담당하면서 아쉬운 점이나 개선해야 할 점이 있다면?

답 : 우리 과는 대검의 코로나 19 상황 및 인권 친화적 집행 지침에 따라 서민들의 경제적 고통을 분담할 수 있는 탄력적 벌금 집행을 위하여 벌금 분할납부·납부연기 방안을 마련하여 시행하고 있습니다. 다만 관련 규정상 생활보호대상자, 장애인 등 분할납부 대상자가 제한되어 있어 민원인들의 분납 요청을 무제한적으로 받아들이기는 어렵습니다. 우리 과는 앞으로도 민원인의 요구사항을 경청하고 현행 제도 하에서 최선의 해결방안을 안내하는 한편 현장에서의 유연하고 타당한 업무 집행을 위해 최선을 다할 것입니다.

문 : 집행과 구성원들에게 바라는 점이 있다면 ?

답 : 우리 과 구성원들은 각자가 소명의식을 바탕으로 적극적이고 책임감 있게 업무를 수행하고 있습니다. 간혹 구성원 간 업무 조정이 필요할 때에도 부가되는 업무를 회피하지 않고 도맡아 하려는 자세를 보여 과장으로서 고마울 따름입니다. 같이 근무하는 동안 각자의 건강과 가족의 평안을 이루면서 업무적으로도 노력

한 만큼의 성취를 이루기를 바랍니다.

문 : 검찰에 근무하면서 기억나는 게 있다면?

답 : 서울남부지검 조사과에 근무할 때, 회사의 경리직원이 대표이사 모르게 수년간 회사 자금을 지속적으로 빼돌려 거액을 횡령한 사건을 담당했습니다. 오랜 기간에 걸쳐 수백차례 입출금이 반복된 거래내역을 분석하여 건 별로 사용처를 확인해야 하므로 피의자의 협조가 필수적이었는데 여러 차례 면담과 지속적인 설득 과정을 거친 끝에 죄를 자백하고 횡령범행을 밝혀낸 것이 기억에 남습니다. 또 한 가지 말씀드리면 서울남부지검에서 검사직무대리로 근무할 당시, 소액 절도 사건을 담당하게 되었습니다. 피의자가 초범이고 범행을 반성하는 등 규정상 양형사유를 참작하여 기소유예 처분을 하였는데 이후 피의자로부터 '생명의 은인'이라며 감사한다는 연락을 받았습니다. 액수의 다과나 범죄의 경중과는 관계없이 검찰이 다루는 개별 사건 하나하나가 민원인에게는 일생의 큰 사건일 수 있음을 느끼게 되었습니다.

문 : 추가로 더 할 말이 있다면?

답 : 검찰수사관은 수사, 공소, 공판, 형집행, 기록 보존 등 국가형사사법의 한 축을 담당하는 막중한 임무를 수행하고 있습니다. 미국의 법 철학자 로널드 드워킨은 대표작 〈법의 제국〉 머리말에서 우리 모두가 '법의 제국의 신하'이자 '법의 방법과 이념의 신하'로서 '정신적으로 법에 얽매여 있다'고 말합니다. 진정한 '법의 지배'를 실현하는 민주주의 국가 구성원으로서 적극적이고 능동적이며 보람 있는 역할을 담당하고 싶다면 이보다 좋은 직업은 없다고 생각합니다.

07

집행과 ②

> ○ 자유형집행 : 재판확정 후 신체형 실현
> ○ 재산형집행 : 벌과금 확정 후 집행 업무

교도소에 수감되어 있는 피고인의 자유형 집행은 신병이 교도소에 있어 재판이 확정되면 별도 절차 없이 검사의 자유형 집행지휘로 형 집행은 완료된다.

그런데 자유형 미집행자는 '검거'의 절차를 거쳐야 한다. 검거과정은 만만하지 않다. 형 집행 과정에서 대상자들은 격렬히 저항하며 폭력을 가하고, 도망을 가기도 한다. '쫓는 자와 쫓기는 자'의 싸움에서 더 절박함은 '쫓기는 자'에 있기 때문이다.

검찰은 검거과정에서의 위해(危害) 방지를 위해 대상자 성향 분석, 보호 장구 착용 등 다양한 조치를 취한 후 검거에 나선다. 하지만, 업무특성 상 항상 위험에 노출되어 있어 완전한 예방은 어렵고, 심할 경우에 잭나이프 등 흉기에 찔리는 사례도 간혹 발생한다.

재산형 집행절차는 벌금확정→조정 및 납부명령→1차 독촉→2차 독촉→지명수배 및 전자예금 압류 등의 단계를 거친다. 하지만, 미납자에게 충분한 기간을 주고 자진납부를 유도한다.

그래도 납부하지 않을 경우에 부동산, 은행예금 등에 대한 압류 등 강제집행을 하거나 최후의 수단으로 고액 벌금미납자에 대해서는 검거를 하여 노역장에 유치한다.

벌과금은 신용카드로도 납부가 가능하며, 경제적 약자를 위해 분할납부, 납부연기 제도를 실시하고 있다. 또한, 경제적 능력이 없는 사람은 관할 검찰청에 신청하여 벌과금을 납부하는 대신에 사회봉사로 대체하는 제도를 시행하는 등 사회·경제적 약자의 인권보장에도 힘쓰고 있다.

〈참고 : 계약은 지켜져야 하며 판결은 집행되어야 한다.〉

○ 범죄를 저지른 사람에 대한 수사와 공판이 끝나면 그에 따른 엄정한 법 집행이 필요하다. 유죄가 확정되었음에도 이를 집행하지 못한다면 국가형벌권은 유명무실한 껍데기만 남게 되는 것이고, 이는 국민의 법 감정에도 맞지 않아 사법 불신의 단초가 된다.

○ 필자는 2018년에 대검찰청 집행과장으로 재직하며 전국 검찰청의 재산형집행 업무를 총괄 지원하는 직무를 수행했다. 당시 일선 검찰청 집행과의 재산형 집행률 향상, 형 집행 공무원의 사기진작 방안 마련 등을 위해 고민하고 노력했던 기억이 생생하다.

검찰수사관은 무슨일을 하나요?

○ 당시 직속 상사인 대검찰청 공판송무부장께서는 집행과 사무실 벽면에 '계약은 지켜져야 하며, 판결은 집행되어야 한다.'라는 액자를 만들어 주었다. 사무실에서 업무를 수행하면서 이 문구를 되새겨 더욱 고민하고 고민하는 자세를 주문한 것으로 생각했다.

○ 대검찰청 집행과 직원들은 열심히 일했고, 그 결과 일선 검찰청 집행담당 수사관들을 위한 다양한 사기진작 방안을 마련했다.

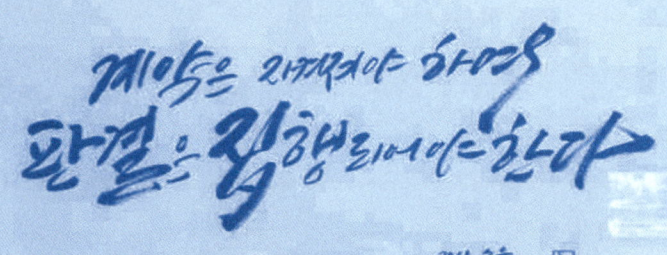

집행과 ③

○ 수형 : 호적에 빨간 줄 간다?
○ 보존 : 사건기록, 재판서 등을 관리하고, 대출·열람하는 업무

'호적에 빨간 줄 간다.'라는 말이 있다. 필자는 학생 시절에 시골 어른들에게 이런 말을 들은 적이 있고, 정확히 무슨 뜻인지는 몰랐지만 전과자로 낙인찍히는 걸로 이해를 했다. 수형업무가 이런 업무의 출발점이라는 것을 검찰에 들어와서 알게 되었다.

집행과 수형담당자는 자격정지 이상의 형을 받은 피고인에 대해 '수형인명부'와 '수형인명표'를 작성하고, 피고인의 등록기준지로 '수형인명표'를 송부한다. 그러면 이 자료는 취업준비생 등이 취업을 할 때 회사에서 요구하는 '신원증명서' 발급의 근거가 된다.

또한, 수형업무는 선거권 유무와 관련이 있다. 수형담당자가 수형인명부 사항을 등록기준지에 통보를 누락하거나 잘못 통보하면 선거권이 있는 사람이 선거권이 없는 사람으로 분류되어 투표를 하지 못하는 경우가 발생한다. 이럴 경우에 담당자나 관리자는 징계를 감수해야 하는 아찔한 상황이 기다린다.

검찰수사관은 무슨일을 하나요? •••

기록보존 업무는 재판이 확정된 사건기록과 판결문 등을 일정기간 보존·관리하고, 이 기록을 대출하고 열람·등사하는 업무이다. 사건기록은 일정기간 보존하고 폐기하지만 일부는 영구 보존되는 경우도 있다. 예컨대, 사형확정 기록, 판결문은 영구보존 된다. 기록은 각각 영구, 준영구, 30년, 25년, 20년, 10년, 7년, 5년, 3년 등 보존기간이 지정되어 있다.

사건기록은 검찰청 내부나 외부 수사기관의 요청이 있을 경우에 법령을 검토하여 요건을 충족하면 대출이 된다. 또한, 판결문 등은 지방자치단체, 세무서, 공공기관 등 유관기관의 요청이 있을 경우 심사하여 해당 부분을 복사하여 송부한다.

〈참고 : 서울중앙지검 기록보존창고는 결혼중개업체?〉

○ 서울중앙지검의 기록보존창고는 그 규모가 방대하기 이를 데 없다. 기록보존창고는 3개 층에 있고, 그것도 모자라 별도의 보존창고가 몇몇 곳에 더 있다. 기록보존의 중요성과 보안문제로 외부인에게는 출입이 절대 금지된 곳이다.

○ 필자는 2017년에 서울중앙지검 기록관리과장으로 재직했다. 매일 매일 숫자로 300~400건, 분량으로 수 백 박스 이상의 기록이 물밀 듯이 들어온다. 매일 들어오는 기록을 정리하여 보존하는 일에도 엄청난 과부하가 걸린다. 1년에 한번 씩 보존기한이 경과된 기록을 폐기하지만 늘어나는 기록은 감당이 되지 않는다.

○ 하루에도 몇 백건에 달하는 기록대출 신청을 소수의 담당자가 모두 해결해 줄 수는 없다. 따라서 대출을 신청한 수사관이나 실무관은 급한 경우에 직접 기록을 찾아야 한다. 요즘은 이동식 리더기와 휴대용 리더기에 사건번호를 입력한 후 서가주변에 갖다 대면 기록이 있는 경우에 경보음이 울리고, 빨간색 불이 들어온다.

○ 이런 기술적 편의에도 불구하고 기록을 찾기란 그리 만만하지 않다. 이상하게도 찾는 기록의 서가 부근에 리더기를 아무리 돌려봐도 반응이 없고, 도대체 어디에서 어떻게 찾아야 할지 난감하다.

○ 이때는 담당자의 지원이나 조언이 필요하다. 대출신청자의 부탁과 읍소로 일과 이후에 서로 만나 함께 기록을 찾게 된다. 이렇게 젊은 남녀가 함께 창고를 오르내리며 사투를 하다 보면 기록이 나온다. 그 과정에서 서로 안면이 트인다.

○ 이후 대출신청자는 고마움의 표시로 담당자에게 식사를 대접하게 되고, 이런 만남이 반복되면 연인사이가 되고, 이것이 발전하여 부부사이가 된다. 필자는 이런 사례를 보기도 하였고 전해 듣기도 했다. 어찌 보면 기록보존 창고는 젊은 청춘에게 '결혼중개업체' 보다도 고마운 존재이다.

09 수사과 ①

> ○ 수사과는 수사업무 이외에 호송·인치, 수사장비 관리 등을 담당

수사과는 주로 수사를 담당하지만, 호송·인치, 심리생리검사, 수사장비 관리, 범죄수익환수 관련 업무도 담당한다.

현재 전국 검찰청 44곳에 수사과가 설치되어 운영되고 있다. 수사과는 부패범죄, 경제범죄와 같은 고소사건, 정부기관, 금융기관 등에서 고발한 사건 등을 주로 처리한다.

2017년에 호송·인치 업무가 수사과의 새로운 업무영역에 포함되었다. 호송·인치란 검찰에서 직접 수사한 사건의 체포대상자, 구속영장 청구자, 기소중지 수배자가 검거되었을 경우에 검찰수사관이 직접 호송을 하고, 교도소로 인치를 하는 업무를 말한다. 경찰에서 하던 업무가 검찰로 이관되면서 새로 생긴 업무이다.

수사과는 이밖에도 수사장비 및 범죄수익환수 관리업무를 담당하고, 심리생리검사를 담당하는 수사관의 소속도 수사과이다. 다양한 업무를 하고 있지만 주력은 수사이다.

수사과는 4급(서기관)이 주로 과장으로 보임하고, 5급(사무관)이 팀장(1~2명의 팀원)인 수개의 팀으로 구성되어 있다. 호송·인치팀은 별도로 구성하여 운영한다.

〈수사과 배치도〉

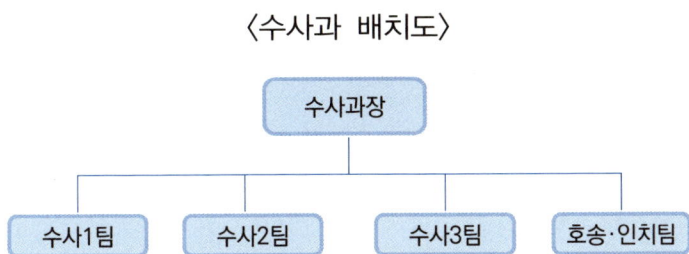

10 수사과 ②

> ○ 수사과(조사과)는
> - 검찰수사관 자부심의 상징
> - 검찰수사관 수사력 배양소

　수사과(조사과)는 예전에 검찰수사관 자부심의 상징이었다. 공직자 및 토착비리, 특정지역 구조적 비리, 대규모 경제사범 수사에 큰 성과를 거두었다. 사회악을 척결하여 국민들께 박수를 받고, 검찰수사관 존재가치를 증명하는데 많은 기여를 했다.

　최근 몇 년 전까지도 수사과는 정부기관, 금융기관의 수사의뢰 사건, 각종 부패사건, 다액 피해 및 사건관계인 다수 사건을 다루었다. 예컨대, 수도권 어느 청 수사과는 수입육류 담보대출을 가장하여 여러 금융기관으로부터 약 1,500억 원을 편취한 사건의 구조적 비리 전모를 파헤치는 성과를 올렸다. 이후 금융기관은 이 사건을 토대로 담보대출에 대한 재도개선을 하였다.

　수사과(조사과)는 초급 수사관의 수사력 배양소 역할도 한다. 수사과(조사과) 수사관은 몇 쪽짜리로 접수된 고소장으로 수사를 시작하여 수백, 수천 쪽에 이르는 기록으로 수사를 완료한다.

　이때 초급수사관은 선배 수사관에게 수사 노하우와 기법을 전수 받아 깔끔하게 수사를 완료한다. 경험을 축적한 수사관은 특수부, 형사부 검사실로 이동하고, 다시 검사실의 고경력 수사관이 수사과(조사과)로 옮겨와 후배에게 경험을 전수하는 선순환 구조를 이룬다.

수사과는 검·경수사권조정 법률 시행 이후에도 여전히 막중한 역할을 수행할 것이다. 3천만 원 이상 뇌물수수 등 부패범죄, 5억 원 이상 경제범죄, 공직자범죄 수사에는 수사과가 나서야 한다. 또한, 초급수사관의 수사역량을 키우는 저수지로도 여전히 그 효용이 계속되고 있다.

11 조사과

> ○ 조사과는 주로 재산범죄 고소·고발사건을 수사
> - 재산범죄 수사에 특화된 부서

조사과는 주로 복잡한 재산범죄, 다수 사건관계인 범죄와 관련된 고소·고발사건을 수사한다. 조사과는 전국 지방검찰청 12곳에 설치되어 운영되고 있다.

조사과(수사과)는 검찰에 접수된 사건 중 검찰에서 처리할 필요성과 상당성이 있는 고소·고발 사건을 주로 담당한다. 조사과의 수사착수는 주임검사의 수사지휘 형식으로 시작된다. 수사진행 중에도 구속영장 신청, 압수수색과 같은 강제수사, 중요 수사사항은 주임검사와 긴밀히 협의를 한다. 같은 건물에 근무하고 있어서 협의를 통한 신속한 사건처리의 장점이 있다.

조사과는 수사를 종료하면 수사를 지휘한 검사실로 사건을 송치한다. 조사과와 수사과는 경찰과 마찬가지로 사법경찰관리의 지위로 수사를 수행하기 때문이다.

검찰에는 복잡한 재산범죄 수사에 특화된 베테랑 수사관이 많고, 조사과에도 상당수의 베테랑 수사관이 근무한다. 조사과의 수사관은 대부분 수준 높은 법률지식과 풍부한 재산범죄 수사

경험을 갖추고 있다. 그래서 그들은 국민들께 품격 높은 수사 결과를 제공하고, 국민의 신뢰를 증진하는데 기여하고 있다.

조사과는 재산범죄 수사역량이 다른 사경보다 월등한 비교 우위에 있다. 이것은 하루아침에 이루어진 것이 아니다. 수십 년 간 계속된 재산범죄 수사경험의 축적, 수사 노하우의 선후배 간 공유와 전수를 통해 이룩한 것이다.

조사과는 국민이 검찰에서 직접 수사해 주기를 바라는 고소·고발 사건을 충실히 수행해 왔고, 앞으로도 국민의 기대에 부응하여 그 역할은 더욱 커질 것으로 믿는다.

조사과는 4급(서기관)이 과장으로 보임하고, 5급(사무관)이 팀장(1~2명의 팀원)인 수개의 팀으로 구성되어 있다. 2021년 9월 현재 서울중앙지검 조사과는 13개의 팀으로 운영되고 있다.

〈조사과 배치도〉

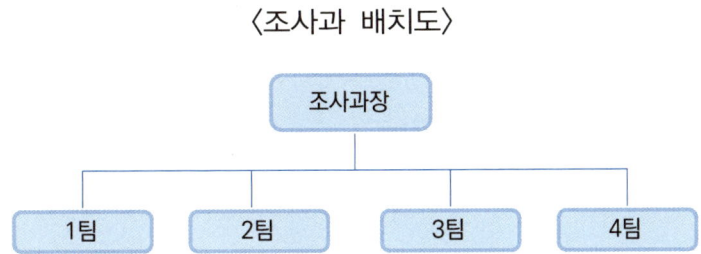

〈현직 인터뷰 ⑬ : 조사과 근무 수사관〉

검찰6급 이○희(서울동부지검 조사과)

문 : 본인의 검찰 경력 소개를 부탁해요.

답 : 저는 2002년 검찰 9급 공채에 합격하여, 2003년부터 현재까지 약 18년 정도 근무하고 있습니다. 2021년 2월 검찰주사(6급)로 승진하여 서울동부지검 조사과에서 근무하고 있습니다.

문 : 수사부서와 검찰행정의 근무기간은 어떻게 되나요?

답 : 총 18년의 근무기간 중 수사부서에서 4년, 행정부서에서 14년을 근무하였고, 수사부서는 수원지방검찰청 공안부, 특수부, 강력부, 형사부, 수원지검 안산지청 형사부 등에서 근무하였고, 현재는 서울동부지검 조사과에서 사건수사 업무를 맡고 있습니다. 검찰행정 근무지로서는 수원지방검찰청 사건과, 집행과, 공판송무과, 총무과에서 6년, 법무연수원에서 3년 근무하였고, 대검찰청 집행과에서 5년을 근무하면서 형 집행분야 전문관으로 선정되기도 하였습니다.

문 : 서울동부지검 조사과의 구성과 주요 업무를 소개하면?

답 : 조사과장(4급)님과 사무관(5급) 팀장 3명이 있고, 각 팀에 1~2명의 팀원이 있으며, 총 인원은 과장님 포함 9명이고, 저는 2호 수사관실 수사관으로 수사업무를 담당하고 있습니다. 조사과는 검찰에 직접 접수된 고소·고발·진정사건 중 피해액이 5억 원 이상인 사기·횡령·배임과 같은 재산범죄로서 조사과에서 수사함이 상당한 사건 등을 배당 받아 조사하고 있습니다.

문 : 사건의 배당은 어떻게 하나요?

답 : 조사과 내의 사건배당은 과장님이 담당합니다. 과장님이 각 팀에 사건을 배당하면, 우리 팀의 경우에는 사무관님과 제가 각각 1건씩 돌아가면서 담당하기도 하며, 과장님이 팀별 사정을 고려하여 조사과 팀원들에게 1건씩을 배당하는 경우도 있습니다.

문 : 현재 담당하고 있는 고소사건의 수사절차를 간략히 설명하면?

답 : 저는 재산범죄 고소사건을 주로 수사하고 있습니다. 수사절차는 1~2장짜리 고소장부터 수사를 시작하게 되면 나중에는 몇 백쪽의 수사기록이 생성되기도 합니다. 수사한 결과 혐의 유무가 판단되면 기소 또는 불기소(혐의없음, 공소권없음, 각하 등) 의견 등으로 송치의견서를 작성하여 수사지휘를 한 검사실로 송치를 하면 사건이 종료합니다. 조사과의 고소사건은 사실관계와 법리가 워낙 복잡하고 어렵기에 사전에 지휘를 한 검사와 사건을 협의한 후 송치를 하는 경우도 있습니다. 수사절차는 고소인 조사를 통해 고소요지, 범죄구성요건 등을 수사하고, 필요한 자료제출을 요구합니다. 다음으로 피고소인에 대해 피의자신문조서 작성, 필요한 자료 제출요구 등을 실시하고, 신병확보를 위해 체포 및 구속영장 신청, 증거확보를 위해 계좌추적 등 압수수색 영장을 신청하는 경우도 있습니다. 또한, 쟁점사항 정리를 위해 고소인과 피고소인의 대질조사도 실시합니다. 이후 보강조사를 통해 사안의 실체가 정리되었다고 생각되면 송치의견서를 작성합니다. 송치의견서란 수사한 결과 사건이 기소 또는 불기소라는 의견을 작성하는 것입니다. 송치의견서는 고소인 주장내용, 피고소인 변소내용, 고소인의 주장에 부합하는 관련자 진술과 관련 증거,

피고소인 변소에 부합하는 관련자 진술 및 증거 등을 종합적으로 판단한 종합 수사결과보고서라고 이해하면 됩니다.

문 : 조사과 근무에 힘든 점과 보람된 점이 있다면?

답 : 조사과는 복잡하고 어려운 재산범죄를 조사하는 곳입니다. 또한 재산범죄 중에서 가장 높은 비율을 차지하는 범죄는 사기, 횡령, 배임죄입니다. 그 중에서도 사기죄가 비중이 가장 크며, 사기 범죄의 유형, 범죄수법, 기망행위 등이 매우 다양하기에 조사하기가 정말 까다롭습니다. 따라서 형사법 이론이외에 많은 조사 경험을 요구합니다. 우리의 수사결과가 고소인, 피고소인에게는 인생에 크나큰 영향을 미치므로 법리에 맞게, 공정하게 조사를 해야 한다는 압박감이 큽니다. 또한, 송치의견서를 작성하는 것은 하루아침에 되는 것이 아니라 여러 번 작성해서 숙련되기까지 많은 노력을 요합니다. 저도 조사과 근무는 처음이기에 아무래도 송치의견서 작성에 많은 시간을 투입하고 있습니다. 배당 받은 사건들이 모두 고소인과 피고소인이 첨예하게 대립하는 어려운 사건들이지만 당황하지 않고 의지와 집념, 열정과 끈기로 실체적 진실을 밝혔을 때 가장 보람되고 성취감을 느낍니다. 또한, 고소인이나 피고소인이 공정하게 수사를 해주어 고맙다고 인사를 할 때 뿌듯함을 느낍니다.

문 : 검찰수사관으로 근무하면서 기억나는 것이 있다면?

답 : 제가 2015년 11월경부터 약 5년간 대검찰청 집행과 근무 시 일선 검찰청 재산형집행 분야 감사관으로 일선 청 사무감사 업무를 맡은 적이 있습니다. 전국 18개 지검 등을 감사하며 일선 직원들과 소통하고 업무적으로 같이 고민했던 기억이 개인적으로

가장 보람 있고 추억이 남는 업무였습니다.

문 : 추가로 더 할 말이 있나요?

답 : 검찰청에는 검사만 있는 것이 아니라 검찰수사관, 실무관, 행정관 등 많은 인원이 근무하고 있습니다. 검찰수사관은 검사실에서 형사사건을 수사하고, 계좌추적, 압수수색, 피의자 검거 등 업무에 매진하고 있고, 사무국 산하 수사과 및 조사과에서도 사건수사 및 조사업무를 진행하고 있습니다. 또한 사무국에서는 총무과, 사건과, 집행과, 공판송무과 등에서 사건 접수, 사건 기록 관리, 벌금 수납 및 관리, 형 집행, 공판 등 수사지원과 각종 행정 업무를 수행하고 있습니다. 하지만 검찰청 하면 검사만 언급되다보니 검찰에는 검사만 있는 것으로 알고 있거나 검사 외 직원은 모두 검사의 비서 정도로만 생각하는 사람들이 있어서 너무 안타깝습니다. 검찰개혁이나 검경 수사권조정 등으로 인하여 요즘 검찰 분위기가 뒤숭숭하지만 앞으로도 검찰수사관은 없어지지 않고 오히려 수사 업무량은 더 많아 질 수도 있습니다. 앞으로도 검찰수사관에 대해 많은 관심을 가져주셨으면 고맙겠습니다.

검사실과 검찰수사관

 검사실은 검사, 검찰수사관, 실무관이 팀을 이루어 각자의 역할을 담당한다.
 검찰수사관이 사실관계, 증거관계를 정리·확정하는 일을 하고, 검사는 이를 토대로 사건을 판단하고 결정을 한다. 실무관은 검사실의 업무를 지원하는 역할을 한다.

제5장 검사실과 검찰수사관

1. 검사실 구성
2. 검사실 구성원 관계
3. 검사실 구성원의 역할 ①
4. 검사실 구성원의 역할 ②
5. 검사실 수사관 업무 ①
6. 검사실 수사관 업무 ②
7. 검사실 수사관 업무 ③
8. 검사직무대리 ①
9. 검사직무대리 ②

01 검사실 구성

> ○ 검사실은 검사, 검찰수사관, 실무관으로 구성

검사실은 검사, 검찰수사관, 실무관으로 구성된다. 통상의 검사실은 이렇게 3명이 한 검사실의 구성원이 되어 일하고, 검찰수사관은 계장이라고 불린다.

형사부의 고참 검사실(부부장 검사실, 수석 검사실)에는 2명의 계장이 근무하기도 한다. 소위 '깡치 사건'이라고 불리는 복잡하고, 어려운 사건을 처리하기 위해서이다. 또한, 송치사건보다는 인지사건을 주로 담당하는 반부패수사부, 반부패·강력수사부 검사실에도 업무의 특성 때문에 복수의 계장이 근무한다.

실무관은 최근 인력이 부족해서 한 명의 실무관이 2개 검사실 업무를 담당하는 경우가 있다. 이를 겸방을 본다고 한다. 아무튼 검사실은 검사, 검찰수사관, 실무관이 한 팀이 되어서 일을 처리한다.

〈검사실 배치도〉

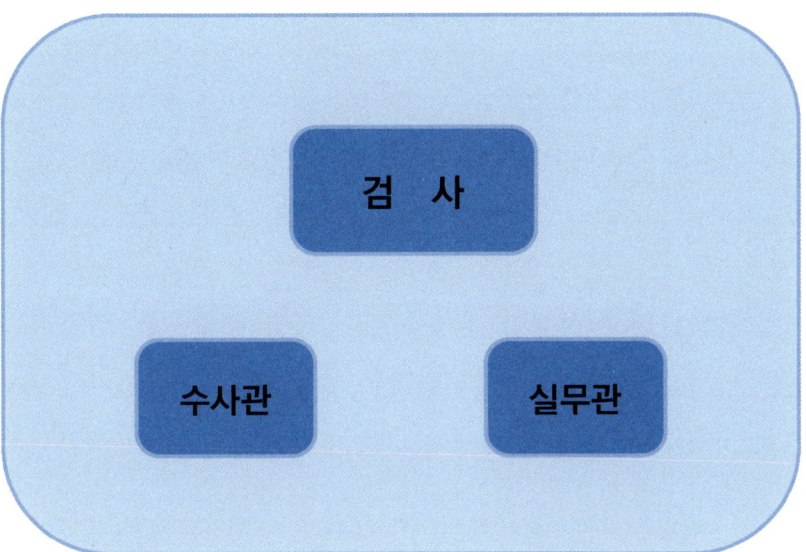

02 검사실 구성원 관계

> ○ 검사실 구성원은 사건처리를 위해 협업하는 동지관계

영화에는 젊고 잘생긴 검사가 나이 들고 후줄근한 옷을 입고 있는 검사실 수사관의 정강이를 걷어차며 호통 치는 장면이 가끔 나온다. 이런 장면은 실제에서는 일어나지 않는다.

검사, 검찰수사관, 실무관은 공동목표를 수행하는 동지관계이다. 검사실에 배당된 사건은 신속하고, 공정하고, 정확하게 처리되어야 한다. 그러려면 구성원은 각자의 역할에 따라 일을 분담해야 하고, 서로를 존중하고, 신뢰하며 협업을 해야 한다. 검사가 수사관과 실무관에게 일방적이고, 권위적으로 행동한다면 호응과 팀플레이를 바라기는 어렵다.

현재 검찰청 검사실은 월 100건이 넘는 사건을 배당받는다. 이렇게 많은 사건을 검사 혼자서 북치고, 장구치며 처리할 수는 없다. 검사실은 각자의 역할을 잘 인지하고, 서로 도와가며 신속하고 정확하게 사건을 처리하기 위해 노력하고 있다.

03 검사실 구성원의 역할 ①

> ○ 검사실 구성원 역할
> - 검찰수사관은 사건의 사실관계·증거관계정리 및 보완수사 역할
> - 검사는 사건을 최종적으로 판단·결정하는 역할

검사실은 인지부 검사실과 형사부 검사실로 나눌 수 있다. 인지부 검사실은 범죄첩보단계부터 수사종결까지 전체 수사과정을 검사실에서 모두 수행한다. 반부패수사부, 반부패강력수사부 검사실 등이 이에 해당한다.

형사부 검사실은 사법경찰관이 수사한 사건을 송치받아 이에 대해 보완수사를 주로 한다. 즉, 이미 수사가 어느 정도 완료된 사건을 대상으로 재차 기록을 검토하여 수사를 한다. 1km 계주를 달린다고 가정하면, 앞부분 500m는 사경이 달리고, 뒷부분 500m는 형사부 검사실이 바통을 이어받아 달린다고 생각하면 된다.

검사실은 검사, 검찰수사관, 실무관 이렇게 셋의 각자 역할이 있다. 각자의 역할이 서로 잘 맞물려 돌아가야 검사실이 정상적으로 운영된다. 인지부, 형사부 검사실 모두에게 적용되는 원칙이다.

검찰수사관은 무슨일을 하나요? •••

형사부 검사실의 역할을 살펴보면, 검사는 배당된 기록을 검토한 후 ① 검사가 직접 처리할 기록, ② 검찰수사관의 보완조사가 필요한 기록으로 분류한다. ②번 기록이 검찰수사관 몫이다.

검찰수사관은 ②번 기록에 대해 사실관계, 증거관계 등을 깔끔하고, 명확하게 정리하여 검사에게 인계한다. 그러면 검사는 그 기록을 살펴보고 기소, 불기소 등을 결정한다. 보통 ②번 기록은 사실관계가 불명확한 것, 혐의 유무 결정에 증거관계가 불명확한 것, 피의자에 대한 수사가 미진한 것, 피해자의 처벌의사가 불명확한 것 등 다양하다.

검사는 사건의 최종 결정권자이다. 검사는 사건수사가 완료되면 결정문 작성 등 절차를 거쳐 위임전결권에 따라 주임검사 자체 전결 또는 부장검사, 차장검사 등에게 결재를 올려 확인을 받는다. 이러한 절차를 통해 수사는 종결된다.

04 검사실 구성원의 역할 ②

> ○ 검사실 구성원 역할
> - 실무관은 사건배당부터 검사처분까지의 수사업무 전 과정을 지원

　실무관은 검사실에 사건이 배당될 때부터 검사가 수사를 완결할 때까지의 전체 수사과정을 지원한다. 먼저, 사건기록이 검사실로 배당되어 오면 처분미상전과 등 보완할 부분을 확인한 다음 검사에게 기록을 인계한다. 그러면 검사는 그때부터 기록을 보게 된다. 검사실에서 수사가 진행될 때에는 사실조회 등 각종 공문처리, 수사정보시스템에 수사관련 자료 입력 등의 업무도 수행한다. 또한, 구속사건의 경우에 구속만료일 10일이 도과되지 않도록 불변기간을 체크하는 것도 실무관의 중요한 역할이다. 수사가 완료되면 부장검사실, 차장검사실 결재를 거쳐 사건과로 수사기록을 인계하는 것도 실무관의 업무이다.

　실무관의 또다른 업무 중 하나는 수사기록 조제이다. 검사나 검찰수사관이 작성한 피의자신문조서, 참고인진술조서, 사건관계인이 제출한 각종 자료 등을 순서대로 편철하고, 기록목록을 작성하는데 이를 기록조제라고 한다.

　실무관은 기록과 압수물을 대출하고, 수사기록의 필요부분을

복사하는 일도 한다. 예를 들면, 사건처리를 위해 피의자가 예전에 저지른 다른 사건의 기록을 살펴 볼 필요가 있다. 이런 기록은 같은 청에 있기도 하고 다른 청에 있을 수 있다. 이럴 경우에 실무관은 기록이 어느 청에 있는지 검색하여 대출신청을 하고, 대출한 기록의 필요부분을 복사하는 일을 한다.

기획부동산 사기사건 같은 경우는 1개의 사건이지만 피의자가 수 십 명에 달하는 경우가 있다. 이때, 검사는 일부 피의자는 기소하고, 나머지 피의자는 기소중지와 같은 불기소처분을 할 수 있다. 기소중지자는 언제 검거될지 모르기 때문에 검거되면 바로 조사할 수 있도록 별도의 기록을 만들어 놓아야 한다. 별도기록을 만들기 위해 복사가 필요한 데, 복사할 분량이 적게는 수 백 쪽, 많게는 1만 쪽이 넘는 경우도 있다. 복사를 너무 많이 하다 보니 손목과 팔에 이상이 생긴 실무관이 나오기도 한다. 수사관 등과 함께 검사실에 걸려오는 전화민원 상담도 한다.

필자가 검사실에서 실무수습을 할 때에는, 실무관이 기소유예 대상자인 학생에게 반성문과 서약서를 받았다. 검사실에 불려온 학생 부모는 다시는 범법행위를 하지 않도록 엄히 훈계해 달라고 부탁한다. 이때, 노련하고, 경력이 풍부한 실무관은 학생을 대상으로 '눈물이 쏙 빠지게' 훈계하기도 하고, 다정다감하게 달래서 서약서를 받아 학생 부모님이 몰래 고마움을 표시하기도 했다.

05 검사실 수사관 업무 ①

> ○ 검사실 수사관은 사건관계인 조사

검사실 검찰수사관은 사건관계인을 조사한다. 사건관계인은 피의자, 피해자, 고소인, 피고소인, 목격자 등 다양하다. 사건관계인을 조사한 수사서류를 조서라고 하고, 피의자 대상은 피의자신문조서, 참고인 대상은 참고인진술조서라고 한다. 검사실에서 작성하는 조서의 작성주체는 검사이다.

조서를 작성하는 목적은 무엇일까? 조서는 사실관계와 증거관계를 조사하여 사안의 실체를 명확하게 파악하고, 향후 재판과정에 제출하여 증거로 사용하기 위함이다. 아울러, 잘 작성된 조서는 사안의 개요와 쟁점사항이 일목요연하게 잘 정리되어 있어 사건의 핵심을 파악하는데 도움이 된다.

참고로, 피의자신문조서는 피의자의 주장과 변명을 일방적으로 받아 적는 녹취록이 아니다. 피의자의 답변이 사건의 전체 사실관계와 증거관계에 배치된다면 이를 추궁하는 과정이기도 하다. 피의자의 변명에 반하는 증거와 자료를 제시하면서 진술의 신빙성을 탄핵하고, 피의자의 행위가 비난가능성이 있다는 측면도 부각시킬수 있다. 한편, 피의자에게 유리한 사실도 확인한다.

검찰수사관은 무슨일을 하나요?

형사부 검찰수사관이 사건관계인을 불러 조사하는 것은 보통 보완수사가 필요한 사건이다. 이는 마땅히 규명되었어야 할 사항이 명백히 조사되지 않아 추가 수사가 필요한 사건, 쟁점에 대한 확실한 결론이 도출되지 않은 사건, 법리와 정상관계에 대한 자료수집이 미비된 사건, 필요한 각종 서류가 첨부되지 않은 사건 등 다양하다. 보완수사는 많은 시간과 노력이 들어간다.

〈보완수사가 필요한 경우〉[1]

① **수사미진 사항의 보완**
  * 실체관계 규명을 위한 기초적 사실관계 추가조사(사건 당사자 또는 참고인에 대한 불충분한 조사로 증거나 참고자료 수집이 미진한 경우 등)
  * 사건처리 절차상 필요한 조치의 누락(지명수배자에 대한 지명수배조치 누락, 구속통지 누락, 출국금지요청 대상자에 대한 필요조치 누락 등)
  * 사건 양형에 대한 정상관계 조사 누락 등

② **사실관계에 관한 심증형성 조치 필요**
  * 사건관계인의 진술이 서로 상충되거나 상반되는 증거가 수집되어 있는 경우
  * 피의자가 자백하고 있지만 그 자백에 모순이 있거나 자백 동기 또는 경위가 애매하여 증거의 신빙성에 의심이 있거나 진실성에 확신이 없는 경우 등

---

[1] 유일준(2009), 송치사건의 보강수사 (법무연수원 검사직무대리 교재)에서 발췌하였다.

제5장 검사실과 검찰수사관

검찰수사관은 보완수사 전에 치밀하고 세밀하게 기록을 검토한다. 단순히 사건관계인을 불러서 조사하는 것이 아니라 치밀하고, 꼼꼼한 조사계획을 거친다. 사건기록을 보고 또 보면서 사건의 전개과정 전체를 머릿속에 담으면서, 피의사실 요지, 피의자 변명, 고소인 또는 피해자 주장, 제반 증거의 부합여부 등을 머릿속에 꿰어 담는다.

피의자가 이치에 맞지 않는 변명을 할 경우에 변명의 모순점과 이를 탄핵할 진술과 증거를 들이대며 조사를 한다. 이런 조서는 나중에 재판과정에서 유죄 입증에 유리한 자료로 활용된다.

양쪽 당사자가 함께 조사를 받는 대질조사는 사안의 진상을 명확하게 파악하고자 할 때 실시한다. 이때 수사관은 당사자 간 쟁점사항을 미리 정리하여 실타래를 풀듯이 양쪽의 쟁점을 정리해 나간다. 예컨대, 이해가 대립하는 당사자 사이에는 그 진술이 어떤 차이가 있는지에 관해 대조·확인하여 정확히 조사하고, 참고인의 진술·증거서류·증거물은 사건 당사자의 어떤 진술에 부합하는지, 증거물은 어느 정도 믿을 만한 것인지 등을 면밀히 조사한다.

검찰수사관의 사건관계인 조사는 시시비비를 가리기 위해 꼭 필요한 과정이다. 하지만 조사하는 수사관은 진이 빠지고, 기가 빠지고, 힘이 빠지는 힘든 과정이고, 조사를 받는 대상자 역시 긴장되고, 힘이 빠지는 어려운 과정이다.

검찰수사관은 무슨일을 하나요?

〈현직 인터뷰 ⑭ : 형사부 검사실 수사관〉

검찰7급 송○규(서울동부지검 여성아동범죄조사부)
여성아동범죄조사부 전문관

문 : 본인의 검찰 경력 소개를 부탁해요.

답 : 2004년 검찰 9급 공채에 합격하여, 2004년부터 현재까지 약 17년을 근무했고, 현재 서울동부지검 여성아동범죄수사부 검사실에서 근무하고 있습니다.

문 : 수사부서와 검찰행정의 근무기간은 어떻게 되나요?

답 : 총 17년의 근무기간 중 수사부서에서 10년, 행정부서에서 7년(의정부지방검찰청 고양지청, 법무연수원) 근무했고, 수사부서는 수원지방검찰청 성남지청, 서울중앙지방검찰청, 서울동부지방검찰청에서 공안부, 특수부, 강력부, 형사부, 여성아동범죄조사부 등에서 두루 근무했습니다. 저는 8급 승진이후로 법무연수원 근무를 제외하면 계속 검사실에서 근무하며 검사실 근무기간의 절반정도는 인지부서에서, 절반정도는 형사부, 특히 여성아동범죄조사부에서 근무하였습니다.

문 : 형사부 검사실에서는 주로 어떤 일을 하나요?

답 : 형사부 검사실은 경찰이 1차적으로 수사를 한 후 검찰로 송치한 사건에 대해 경찰수사기록을 검토하고, 미비한 점에 대해서는 경찰에 보완수사를 요청하거나, 직접 보완수사를 한 뒤, 검찰처분을 하는 것이 주요 업무입니다. 특히, 형사부 검사실의 수사관은 직접 보완수사를 하는 부분에 업무가 집중되어 있는데, 이에

제5장 검사실과 검찰수사관

대해 좀 더 자세히 말씀드리면, 검사가 보완수사가 필요한 사건을 검사실 수사관에게 '배당'하면 수사관은 배당된 기록을 재검토하여 미비한 내용에 대해 보완수사를 하면서 그 결과를 '수사보고서'로 작성을 합니다. '수사'는 쉽게 말해 차후 재판과정에서 사용될 '증거'를 찾는 과정이고, '수사보고서'는 이러한 수사과정과 그 결과인 증거에 대해 보고하는 문서이기 때문에 단순히 서류를 첨부하는 몇 쪽짜리 간단한 내용부터 영장을 집행하여 압수한 압수물을 분석하여 혐의사실을 밝혀내는 고도의 수사보고서로 100쪽이 넘어가는 경우도 있습니다. 물론, 이러한 과정에서 증거를 찾기 위해 영장을 발부받기도 하고, 이를 집행하기 위해 현장에 나가는 경우도 있고요. 이러한 증거수집 과정을 거친 뒤 증거를 기반으로 사건관계인(피의자, 참고인)의 진술을 듣고 확인하는 조사(피의자, 참고인)를 하게 됩니다. 조사과정이라면 TV나 영화에서는 수사관이 큰소리를 내거나 상대방을 협박하는 모습으로 묘사되어 많은 분들이 오해를 하는데, 실제 조사과정과는 전혀 다릅니다. 검찰은 '수사기관'이자 수사기관에서 발생할 수 있는 인권침해를 막는 '인권보호기관'이라는 두 가지 역할을 수행하는 기관이기 때문에 변호사를 참여하게 한다던가, 조사과정을 CCTV로 녹화한다던가 하면서 피조사자의 인권을 최대한 보호하면서 조사가 진행됩니다. 물론, 피조사자는 혐의를 부인하거나 거짓말을 하는 경우가 대부분이기 때문에 짧게는 몇 시간, 길게는 며칠을 조사하게 되어 조사는 쉬운 과정이 아닙니다. 사건관계인 조사가 끝나고 그 과정에서 추가로 확인해야할 사항이 있으면 그 부분에 대해 좀 더 확인한 뒤에는 수사관은 자신이 수사한 기록에 대한 결론을 정리한 '수사결과보고서'를 작성하여 검사에게 사건을 돌려주게 됩니다. 이러한 과정으로 직접보완수사과정은 종료합니다.

과거에는 수사관의 역할은 이러한 '직접보완수사'에 집중되었는데, 최근 수사권조정에 따라 증가하고 있는 업무는 경찰에 보완수사를 요청하는 업무입니다. 이 경우도 '직접보완수사'의 경우와 마찬가지로 검사가 경찰기록이 미비한 경우에 수사관에게 '배당'을 하게 되고, 수사관은 기록을 검토하여 보완수사가 필요한 사항을 정리하여 수사보고서를 작성하여 검사에게 주면 검사는 이를 참고로 경찰에 보완수사를 요청하게 됩니다. 보완수사요청은 수사관이 직접 수사를 하는 것이 아니고, 경찰에 보완수사를 요청하는 것이기 때문에 직접 수사보다 상대적으로 편한 업무라고 오해하기도 하는데, 보완수사요청을 할 때 누락하였거나, 경찰에서 보완수사가 제대로 이행되지 않았다면 결국 수사관이 '직접보완수사'를 하여야 하기 때문에 보완수사요청 역시 직접보완수사 만큼 기록을 면밀히 검토하고 사건의 진실이 무엇인지 고민하는 과정이 직접보완수사에 못지않습니다.

문 : 여성아동범죄조사부는 주로 어떤 일을 담당하나요?

답 : 성폭력, 가정폭력, 아동학대, 성매매, 소년, 발달장애 등 여성·아동 관련 사건을 담당합니다.

문 : 여성아동범죄 전문수사관으로 지정되었는데 전문수사관으로 얼마나 근무했으며 혜택은 어떤가요?

답 : 여성아동범죄 전문수사관으로 지정되면, 여성아동범죄를 담당하는 부서의 전문관으로 근무를 할 수 있게 됩니다. 저는 2018년에 여성아동범죄 전문수사관, 2020년에 여성아동범죄조사부 전문관

으로 지정되었고, 이 분야에서 총 4년을 근무했습니다. 전문관이 되면 보통의 인사이동 기간보다 더 오래 근무할 수 있고, 전문 직위에 대한 약간의 수당도 받게 되는데, 무엇보다 자신의 전문 수사분야에서 근무하다보니 더욱 전문분야 역량을 강화할 수 있다는 장점이 있습니다.

문 : 형사부 검사실에 근무하면서 힘든 점과 좋은 점이 있다면?

답 : 아무래도 경찰에서 송치된 사건들을 조사하다보니 우리가 주변에서 흔히 겪게 되는 사건을 담당하여 좋은 사회를 만드는데 일조를 하고 있다는 보람이 있는 점은 좋습니다. 다만, 경찰에서 사건들이 쉬지 않고 송치되는 것은 좀 힘든 부분입니다.

문 : 추가로 더 할 말이 있는가요?

답 : 수사관이 검사실에서 주축이 되어 상당한 역할을 하고 있음에도 TV나 영화를 보면 검사실에는 마치 검사만이 근무하는 것처럼 묘사되고, 검찰에 대해 잘 알지 못하는 일반사람들도 그렇게 생각하는 것이 참 아쉽습니다. 일반인들은 검사실 수사관이 무엇을 하는지도 잘 모르는 경우도 많으니까요. 검사실 수사관이 하는 역할에 대해 재평가 과정이 이루어지고 많은 홍보도 이루어져 수사관들이 보람도 느끼고, 검찰수사관을 희망하는 학생들도 많이 늘었으면 좋겠습니다.

06

검사실 수사관 업무 ②

> ○ 검사실 수사관은 수사보고서, 결정문 초안 등을 작성

　검사실 검찰수사관은 수사보고서를 작성한다. 수사보고서는 수사기관이 수사행위와 관련된 사항을 기록한 수사서류[2]로서 수사의 전 과정을 시간순서대로 보고하여 편철한다.

　수사보고서는 수사기관에서 약방의 감초처럼 사용된다. 수사보고서에 들어가는 노력은 간단한 것부터 복잡한 것까지 다양하다. 사건관계인이 제출한 서류를 단순히 첨부하는 수사보고서부터 압수한 회계자료를 정밀 분석하여 혐의 유무 판단을 지원하는 수사보고서, 복잡한 법리를 검토한 수사보고서까지 작성한다. 수사보고서는 추후 재판과정에서 수사과정의 적법절차 준수를 입증할 수 있고, 수사과정의 객관성과 투명성을 담보하는 장점도 있다.

〈수사보고서 작성 사례〉

① 단순한 서류 첨부형 수사보고
* 음주운전사건에서 운전거리를 인터넷에서 검색하여 첨부

---

[2] 한제희, 검사 입장에서 본 형사증거법의 이해(2020. 11. e-PROS 게시판 자료 참고)

- 고소인이 제출한 사건참고자료, 주민조회, 출입국조회, 차적조회 첨부
- 사건관계인과 전화통화한 내용 요약

② 증거수집, 증거분석 등을 통한 사안쟁점 정리형 수사보고
- 매출·매입처별 원장을 통한 자금흐름 내역(고소인 진술 부합 증거)
- 관세내역 검토를 통한 피의자 변소내용 검토(피의자 변명 탄핵)
- 금융정보분석원(FIU) 제공 특정금융자료분석(피의자 혐의 입증자료)
- 이메일 및 카카오톡 대화내용 분석(압수수색 영장 분석)

③ 양형 참고 및 법리 검토형 수사보고
- 피해자 강력처벌 의사 재확인 및 치료상황 보고
- OO에 대한 대법원 판례 및 OO학술자료 검토 보고

이렇듯 수사보고서는 단순한 보고서 작성이 아니라 사건의 실체를 확인하기 위해 사실관계 확인과 증거 수집 및 증거 분석, 법리검토 등 전체 수사절차를 시간순서대로 작성한 수사과정의 기록이다.

검사실 수사관은 공소장과 불기소결정문 초안을 작성하기도 한다. 수사관은 직접 조사한 사건에 대해 사실관계, 사안의 쟁점, 법리를 누구보다 잘 알고 있다. 따라서 결정문 초안 작성이 용이하고, 반복하여 작성하다보면 수사실력이 향상된다. 아울러, 검사에게도 도움을 줄 수 있으므로 일거양득이라고 할 수 있다.

07 검사실 수사관 업무 ③

> ○ 검사실 수사관은 피의자 검거, 영장집행 및 분석 업무수행

검사실 수사관은 현장에 나가 잠복하며 피의자 검거업무를 수행한다. 또한, 압수수색 현장에 나가 압수수색을 집행하는 등 영장집행 업무를 담당한다.

반부패수사부 검사실과 같이 인지부서에서 근무하는 수사관은 각종 영장을 집행하는 일이 주된 업무이다. 피의자를 검거하여 신병을 확보하고, 영장 집행을 통해 이메일, 카카오톡 대화내용 등 중요 증거를 확보해야 수사가 수월하게 진행된다.

형사부 검사실도 영장집행 업무를 수행한다. 수사를 진행하다보면 새로운 증거를 확보해야 할 상황과 출석에 불응하는 피의자를 검거해야 하는 상황이 발생한다. 이럴 경우에 영장을 집행하고, 영장집행으로 확보한 자료를 분석하는 것은 수사관의 업무이다.

수사를 하다보면 여러 명의 피의자를 동시에 검거하거나 여러 곳에 동시에 압수수색을 할 필요가 있는 경우가 있다. 이를 대비하여 각 검찰청에는 사무국 8·9급 수사관이 중심이 된 수사지원반이 편성되어 있어 순번에 따라 수사지원을 한다.

〈현직 인터뷰 ⑮ : 반부패수사부 검사실 수사관〉

검찰7급 김○일(서울중앙지검 반부패수사제1부)

문 : 본인의 검찰 경력 소개를 부탁해요.

답 : 2004년 검찰 9급 공채에 합격하여, 2005년부터 현재까지 약 16년을 근무했고, 현재 서울중앙지검 반부패수사제1부 검사실에서 근무하고 있습니다. 우리 부는 특수사건을 전담하고 있습니다.

문 : 수사부서와 검찰행정의 근무기간은 어떻게 되나요?

답 : 총 16년의 근무기간 중 수사부서에서 4년, 행정부서에서 12년(서울중앙지검, 법무연수원, 대검찰청 등) 근무했고, 7급 승진 이후에는 대검찰청 운영지원과에서 근무한 것 이외에는 주로 반부패수사 제1부에서 3년 근무했습니다.

문 : 반부패부수사와 형사부 검사실의 가장 큰 차이점은 무엇인가요?

답 : 형사부 검사실은 사경이 송치한 사건에 대해 보완수사를 주로 하고, 반부패수사부 검사실은 수사 착수단계부터 수사를 시작하는 것이 가장 큰 차이점입니다. 즉 형사부 검사실은 이미 수사가 되어 있는 기록을 토대로 수사가 부족한 부분을 보완하는 반면, 반부패수사부 검사실은 첩보 입수 단계부터, 소위 '맨땅에 헤딩하는' 방식으로 수사를 시작합니다.

문 : 반부패수사부 검사실에서는 주로 어떤 일을 하나요?

답 : 반부패수사부는 예를 들어 기업수사의 경우 수사초기 기업현황,

임원진 변동내역, 사주의 주식변동내역 등 수사에 필요한 기초 사항을 분석하여 보고서로 작성합니다. 이후 압수수색 전에 현장 탐문을 통해 구체적인 압수대상지를 확정하고, 본격적인 압수수색이 이루어집니다. 경력이 많은 수사관은 압수수색현장에서 회사 내 각 부서를 담당할 수사관과 포렌식 요원을 배치하는 등 압수수색 전체 과정을 총괄합니다. 또한, 영장제시, 사진 촬영 등 적법절차 준수에 만전을 기함과 동시에 직접 피의자의 신체, 사무실, 차량 등을 수색하여 관련 증거물들을 확보합니다.

최근 모 기업의 압수수색 현장에서 회사 조직도에는 기재되어 있지 않은 별도의 조직이 다른 건물에 존재함을 발견하여 별도의 사무실에 대한 압수수색을 재차 실시하였고, 이 과정에서 수십여 명이 허위 직원으로 등재되어 급여 등을 수령한 혐의를 추가 인지하여 수백억 원 상당의 횡령금액을 규명하기도 하였습니다.

압수수색 이후에는 압수물 분석을 통해 본격적으로 관련자들을 소환하여 조사를 하는 것이 주요 업무입니다. 특수부 피의자 대부분은 "기억이 나지 않는다, 잘 모르겠다." 등으로 혐의를 부인합니다. 수사관은 부인하는 피의자와 맞서 사전에 압수물분석을 통해 확보한 통화내역, 이메일, 각종 보고서, 계좌 내역 등을 제시하여 끈질기게 추궁하여 사실관계를 확정하는 일을 합니다. 이후 공소제기는 검사님의 역할이고요.

문 : 반부패수사부에 근무하면서 힘든 점과 보람 있는 점은?

답 : 가장 힘든 점은 최근 대부분의 피의자들이 대형로펌의 변호사를 선임하며 좀처럼 혐의를 인정하지 않습니다. 실체적 진실 발견을 위해서는 조사에 앞서 철저한 사전준비를 해야 하기 때문에 사건 진행 중에는 매일 밤늦게 까지 야근을 하고 주말 출근도

빈번합니다. 개인적인 예를 들자면 저는 최근 6년 동안 야근을 1,080일 총 4,451시간을 하였습니다. 살인적인 노동 강도 입니다.^^

부연하면, 1년에 741시간, 1개월에 61시간을 초과근무 한 셈입니다. 그러나 고되게 일한만큼 보람도 역시 남다릅니다. 예를 들어 최근 사건에서 배임증재 혐의자에 대한 조사 후 구속영장을 청구하였으나 법원으로부터 '현 단계에서 구속의 상당성을 인정하기 어려움'이라는 사유로 기각된 적이 있습니다. 이에 저는 기존 압수물을 다시 면밀히 분석하여 배임수재가 의심되는 회사를 추가 압수수색하고, 배임수재 혐의자를 직접 체포·조사하여 돈을 받았다는 자백을 이끌어내었습니다. 당시 정황증거 외에는 결정적인 증거를 확보하지 못하여 수사에 어려움에 있었으나, 위와 같이 자백을 이끌어냄으로써 이를 배임증재자에 대한 구속영장을 재청구하여 결국 발부받았고 재판에서 실형이 선고되었습니다. 스스로의 노력으로 이런 경험을 하게 되면 말로 표현하기 힘든 벅차오름이 느껴집니다. 이런 점이 검찰수사관으로서의 직업에 대한 만족과 함께 가장 보람된 순간이지요.

문 : 검찰수사관 생활을 하면서 기억나는 점이 있다면?

답 : 통상 피의자를 구속하기 위해서는 수차례의 조사가 진행되는데 사람이다 보니 자주 만나다보면 사건 밖 피의자의 삶을 알게 되고 솔직히 연민의 감정이 생기기도 합니다. 그러나 법집행은 엄중해야 하므로 수사관 본연의 일에 집중합니다. 몇 년 전에 특경(횡령) 등으로 제가 조사한 피의자가 구속되던 날 저에게 "사건이 모두 종결되면 꼭 밖에서 소주 한 잔 하면서 여기서 못 다한 이야기를 하겠다."고 눈물 흘리던 일이 지금도 기억에 남습니다.

문 : 추가로 더 할 말이 있는가요?

답 : 통상 조서에서는 '없습니다.'라고 기재합니다만
저는 대한민국 검찰 파이팅! 으로 마무리 하겠습니다.

08 검사직무대리 ①

> ○ 검사직무대리는 검찰공무원이 약식사건 등을 검사의 직무로 수행

검사직무대리 제도는 검사가 아닌 검찰공무원에게 경미사건을 처리토록 하는 제도이다. 경미한 사건은 검사직무대리가, 중요한 사건은 검사가 처리하도록 설계한 시스템으로 선택과 집중을 통한 신속한 사건처리에 도움이 된다.

검사직무대리 제도는 2001년 시범실시를 거쳐, 2004년 '검사직무대리 운영규정'(대통령령)이 제정되면서 본격적으로 시행되었다. 약식사건 처리와 불기소처분을 주로 담당한다. 구체적 직무범위는 합의부 관할사건을 제외하고, ① 불구속 송치 사건 중 약식명령을 청구할 인지(認知)사건 및 고소·고발사건, ② 불기소처분 의견으로 송치된 사건이다.

검사직무대리 구체적 처리 범죄는 상해, 폭행, 협박 등 폭력범죄, 음주운전, 무면허운전 등 도로교통법위반, 교통사고처리특례법위반, 식품위생법위반, 청소년보호법위반, 병역법위반, 부정수표단속법위반 범죄 등 다양하다.

검사직무대리는 배당받은 사건에 대해 보완수사 후 검사와

같이 기소·불기소처분을 할 수 있다. 다만, 각종 영장청구를 할 수 없고, 공판 청구할 사건은 검사에게 재배당해야 한다.

검사직무대리로 근무하기 위해서는 엄격한 적격심사를 통과해야 한다. 4·5급 중 일정기간 이상의 수사경력을 보유한 지원자 중에 선발위원회에서 적격자를 선발하고, 이후 법무연수원의 관련 교육 이수, 현직 검사직대실의 실무수습 등을 거쳐야 한다.

이런 제도는 우리나라만의 독특한 방식은 아니다. 독일은 구검사(區檢事)제도를 통해 법정형 6월 이하 징역에 해당하는 경죄, 도로교통법위반 사건 등을 검사가 아닌 검찰공무원이 처리하고 있다. 일본은 부검사(副檢事)제도를 통해 3년 이하 징역 해당사건, 벌금이하 사건을 검사가 아닌 검찰공무원이 처리하고 있다. 독일과 일본의 경우에는 경한 구공판 사건도 구검사와 부검사가 담당하고 있는 것이 우리나라 검사직무대리 제도와 차이다.

09 검사직무대리 ②

> ○ 검사직무대리는 서민·민생관련 경미사건을 주로 처리

검사직무대리는 주로 서민·민생 관련 사건을 처리한다. 국민들을 최전선에서 마주하는 자리이므로 대부분의 검사직무대리는 힘이 들더라도 기록을 꼼꼼하게 살펴보고, 세심하게 결정을 하려고 노력하고 있다.

필자는 총 4년 6개월 정도 검사직무대리로 근무하였고, 총 처리건수는 약 3만 건(1개월 600건, 1년 7,000건)을 넘는다. 처리한 죄명은 폭력, 교통사고, 음주운전, 식품위생법, 청소년보호법, 병역법, 저작권법위반 등 서민과 관련된 대부분의 사건이다.

한 달에 600건 씩 배당되지만 사건 당사자에게는 인생에서 가장 중요한 사건일 수 있다는 마음가짐으로 한 건, 한 건에 정성을 다하였다. 일이 밀릴 때는 야근과 주말 중 하루는 출근하여 공소장·불기소장 작성, 기록검토 등을 하였다.

당사자 간의 분쟁해결이 필요한 사건은 당사자를 소환하여 서로간의 감정의 응어리를 풀고 화해하도록 기회를 주었고, 혐의 유무가 불명확한 사건은 반드시 확인과정을 거쳤고, 정상참작이

필요한 사건은 그 경위를 살폈다.

 통상 폭력사건 등은 시간이 지나거나 술에서 깨어나면 감정이 풀려 사과를 하거나 용서를 구하면 대부분 원만히 합의를 하였다. 분쟁이 원만히 해결되는 것을 보고 보람도 느꼈다.

 하지만, 층간소음 분쟁은 달랐다. 분쟁 당사자는 대부분 초범이거나 동종전과가 없는 사람들이다. 따라서 혐의가 인정된다고 해도 기계적으로 기소를 하는 것은 맞지 않다는 생각에 당사자를 소환하여 감정의 응어리를 풀고, 원만히 합의할 시간과 기회를 주었으나 단 한 건도 원만히 해결되지 않았다. 감정이 층층이 쌓여 있어 백약이 무효였다. 둘 중 하나가 이사를 가야 분쟁이 종결되었다.

 층간소음 문제는 공동주택에 거주하는 당사자 간의 분쟁이다. 그렇지만 사고의 예방차원에서 보면 건축기준 강화와 같은 제도적 보완책 마련이 절실하다는 생각이 들었다.

 불과 몇 년 사이의 환경변화가 수사에도 영향을 미치는 것을 목격했다. 필자가 2005년 검사직무대리로 근무할 때에는 신호위반, 횡단보도 사건과 같은 교통사고는 객관적 증거가 부족한 상태에서 당사자 간의 진술이 엇갈릴 경우에는 혐의 유무 판단이 난감했다. 하지만, 2013년 근무 때에는 애를 먹지 않았다. 이때는 차량 블랙박스와 주변 CCTV가 많이 설치되어 당사자 간의 입씨름이 상당히 줄어들었다.

⟨현직 인터뷰 ⑯ : 검사직무대리⟩

검찰4급 설○용(서울남부지검 검사직무대리)

문 : 본인의 검찰 경력 소개를 부탁해요

답 : 저는 1998년 검찰 7급 공채에 합격하여 1999년 임용된 후 현재까지 약 23년째 검찰에 근무하고 있습니다. 2005년 6급, 2014년 5급으로 각각 승진하였고, 2020년 2월 4급(검찰수사서기관)으로 승진하여 광주지검 사건과장을 거쳐, 2021년 2월부터 현재까지 서울남부지검 검사직무대리로 근무하고 있습니다. 6~7급 수사관 시절 약 15년 중 13.5년은 서울중앙·서울서부·인천지검과 고양·부천·서산지청의 검사실에서 참여수사관으로 근무하면서 특수·공안·강력·식품·의약·조세·마약·재산범죄 사범과 교통 및 일반형사, 재기수사명령 사건을 수사하였고, 1.5년은 대검 혁신추진단에서 기획 등의 업무의 담당했습니다. 5급 사무관 시절 약 5.8년 중 1.6년은 대검 미래기획단에서 대검연구관 등을 보좌하며 기획 등의 업무를 담당하였고, 3.2년은 고양지청에서 검사직무대리로 근무하였고, 1년은 서울중앙지검 공공수사지원과에서 공안관련 수사지휘 사건을 수사하였습니다.

문 : 검사직무대리의 하루 일과는 어떤가요.

답 : 연도별, 지역별, 규모별로 각 청의 사정이 다르고 업무량과 범위가 변하기 때문에 일률적으로 말씀드리기는 곤란하므로 제가 경험한 것을 바탕으로 말씀드리겠습니다. 검사직무대리의 업무는 기본적으로는 검사실의 업무와 비슷합니다. 사건을 배당 받으면 제일

먼저 시효가 임박한 사건이 있는지를 확인하고, 이후 배당받은 기록을 최대한 신속 간략하게 보면서 피해자의 피해회복을 위한 합의기일 부여나 형사조정이 필요한 사건, 피의자가 부인하는 사건, 쟁점에 대한 신중한 법리검토 등이 필요한 사건 등 사건처리의 부담정도나 난이도 별로 사건을 분류합니다. 이후 차근차근 기록을 검토하면서 고소인이나 피해자, 피의자, 참고인 등 사건관계인의 진술, 범죄사실을 입증하는 증거자료의 존부를 확인하고, 관계법령과 판례 등을 참고하여 혐의여부를 판단하고, 그 판단에 대한 확신이 생기면 공소장과 불기소장 등 결정문을 작성하게 됩니다. 그리고 기록을 검토하는 과정에서 피의자나 피해자, 참고인 등의 진술 등을 다시 확인하거나 미비한 증거자료 등을 보완할 부분이 발생하면 직접 보완수사를 하거나 보완수사할 부분을 체크하여 참여수사관에게 분담시키기도 합니다. 경미한 사건이라도 법리적 쟁점이 쉽지 않은 경우도 있고, 경찰의 수사가 부실하여 보완해야 할 부분이 있기도 하고, 또 철저히 하려다 보면 생각보다 시간이 많이 소요되어 종종 야근을 합니다.

문 : 검사직무대리 근무에 보람이 있다면?

답 : 저는 개인적으로 검사직무대리라는 보직이 마음이 듭니다. 그 이유는 제가 직접 제 이름을 걸고 개개 사건에 대하여 직접 기소 또는 불기소 결정을 내리는 최종 결정을 한다는 점에 있습니다. 제가 내리는 결정이 그 사건에 관계된 다른 사람의 인생에 영향을 줄 수 있다는 점에서 결정에 대한 책임과 부담의 무게가 적지는 않지만 제가 정말로 시간을 들여 기록을 철저히 검토하고 관련 판례나 법조항을 연구하고 기존에 나타난 증거와 진술, 그리고 그 외 추가 참고자료를 찾아서 고민하고 실체적

진실을 추구한 끝에 경찰이 혐의를 인정한 사건에 대하여 무혐의를 하고 이에 대하여 부장검사 등 결재권자로부터 승인을 받은 경우 그리고 그러한 과정에서 관련 사건을 인지한 경우에는 정말로 보람을 느낍니다. 그리고 제가 내린 결정에 대하여 당사자들이 이의 없이 받아들일 때, 당사자들이 이의제기를 하였으나 고검이나, 대검, 헌법재판소 등에서 제 결정이 받아들여졌을 때도 마찬가지로 보람을 느낍니다.

문 : 검사직무대리로 근무하면서 기억에 남는 것이 있다면?

답 : 먼저, 처음 검사직무대리를 할 때 사건입니다. 쌍방이 서로 폭행과 상해를 당했다고 주장하면서 자신의 혐의에 대해 부인하였으나 전임자가 기소유예 처분을 했습니다. 그런데 쌍방이 항고와 헌법소원을 제기하여 제가 2주일에 걸쳐 기록을 검토하면서 사건관계인들의 진술, 참고자료, 녹취파일 등을 일시별 상황별로 일목요연하게 정리하여 양당사자에 대하여 벌금형을 구형하여 대법원에서까지 제 의견이 받아들여졌던 사건이 기억납니다. 두 번째는 운전자 바꿔치기를 밝혀 낸 사건입니다. 경찰은 자동차관리법위반만을 기소의견으로 송치하였으나 기록을 면밀히 검토하고, 수사하여 이를 밝혀내었습니다. 사건관련자 전과관련 범죄기록검토, 블랙박스 녹화영상 반복시청, 이동경로 검토 및 추궁, 휴대폰 위치정보 등 많은 수단을 동원했던 기억이 있습니다.

문 : 수사부서에서 근무할 때 수사한 기록의 결정문 초안을 작성했나요?

답 : 제가 수사한 기록은 가급적 결정문 초안을 작성하려고 했습니다. 왜냐하면 시간을 들여 조사한 사건은 검사보다 실체관계를 더 잘 안다고 생각되었기에 검사에게 시간을 줄여 주는 것도

좋다고 생각했습니다. 그렇지만 처음에는 조사하는 것보다 시간과 노력이 더 들었습니다. 막상 공소장이나 불기소장을 써내려가다 보면 범죄 일시나, 장소, 범행방법, 공범 등 범죄구성요소 등 당연히 기록상에서 확인할 수 있는 사항이 발견되지 않는 경우도 있었고 그러면 그 부분을 다시 조사해서 채워 넣어야 했고, 또 범죄구성요소 등에 대하여 다 썼지만 뭔가 막히고 잘 써지지 않는다면 기소의견에서 불기소의견으로 바꿔서 다시 써보기도 하였습니다. 많은 시행착오를 겪었습니다. 그렇지만 공소장이나 불기소장 등을 작성해 보니 사건의 전후 관계나 맥락, 사건관계인의 진술에 대하여 보다 종합적이고 논리적인 검토가 가능해졌고, 작성한 결정문 초안을 활용하여 수사보고나 조서를 작성하는데 활용하거나 비슷한 유형의 사건 결정문 작성에도 활용할 수 있어 장기적으로는 많은 도움이 됩니다. 또한, 관련 법조항 및 판례에 대한 연구의 필요성도 느끼게 되어 스스로 노력하는 계기가 되었고, 덤으로 함께 근무했던 검사님들도 저를 좋게 평가해 주었던 것으로 생각합니다.

문 : 검찰 생활에서 기억나는 것이 있다면?

답 : 제가 처리했던 사건의 구체적인 내용을 언급할 수는 없지만, 처음에는 저를 좀 낮추어 보던 검사에게 제가 작성한 90여 쪽에 달하는 불기소결정문을 작성하여 준 후 그 검사가 결정문에 고민하고 고생한 노력이 보인다고 하며 저를 대하던 검사의 태도가 달라진 것을 느꼈을 때 수사관으로서의 자부심을 느낀 것, 검사와 의견이 달랐을 때 관련 대법원 판례 등을 연구하여 수사상황 보고서와 결정문을 작성한 후 건네주며 설득하여 제 의견을 납득시켰을 때 느꼈던 자부심, 변사체에 대한 부검에

참관하면서 복부와 뇌의 안을 처음 봤을 때의 생소함, 부인하던 피의자에 대하여 증거자료를 제시하며 논리적으로 추궁하여 자백을 받았을 때의 짜릿함, 내가 내린 결정이나 처분에 대하여 감사하다는 편지를 받았을 때의 보람, 많은 날 야근하면서 느꼈던 부인에 대한 미안함, 잠복수사하며 날을 새며 조사하고 기록검토하면서 날을 샜을 때의 피곤함, 승진시험에 합격하여 발령받았을 때의 즐거움, 월급을 받았을 때의 뿌듯함, 내가 맡은 사건과 업무에 대하여 항상 최선을 다해야겠다는 초심을 잊지 말자는 생각 등입니다.

문 : 추가로 더 할 말이 있다면?

답 : 저보다 더 훌륭하고 능력이 있는 동료, 후배 수사관들이 많이 나와서 제가 근무할 때보다 점점 더 신뢰받고 인정받는 검찰이 되었으면 좋겠습니다.

검찰수사관 미래

2021년부터 검·경 수사권조정 법률이 시행되고 있으나 검찰수사관의 미래는 여전히 밝다.

수사, 공판, 형 집행 등 기존 역할수행에 변화가 없고, 새로운 환경에 맞추어 인력과 조직 정비, 수사관 역량 강화를 통해 국민이 부여한 미션을 수행하면 된다.

제6장 검찰수사관 미래

1. 검찰수사관 미래
2. 검찰수사관 전문화
3. 인력·조직 운용 효율화
4. 형 집행 전문화 및 제도개선
5. 검·경 수사권조정
6. 공수처 설치

01 검찰수사관 미래

> ○ 검찰수사관의 미래는 여전히 밝음
>
> - 검찰수사관 법적지위와 역할은 변화 없음
> - 새로운 환경에서 국민이 부여한 임무 수행하도록 역량 강화 필요

1948년 대한민국 정부수립 이후 형사사법 제도는 큰 변화 없이 운영되다가 2021년 검·경 수사권조정 법률 시행 및 고위공직자범죄수사처 설치·운영 등으로 변화를 맞고 있다.

새로운 형사사법제도는 검찰의 직접 수사 분야를 6대 범죄로 제한하고, 경찰의 1차적 수사 종결권 일부를 부여하고, 검사작성 피의자신문조서의 증거능력 제한과 고위공무원 직무범죄에 대한 수사권 이첩 등을 골자로 한다.

수사 분야에서 검찰 역할 총량 일부가 감소한다. 하지만, 새로운 형사사법 환경에서도 사회정의 실현, 거악척결, 인권옹호라는 검찰의 기본사명 수행에는 아무런 영향이 없다. 또한, 수사→공판→형 집행으로 이어지는 형사절차 전반에서 수사권에 대한 조정일 뿐 공판과 형 집행은 여전히 변화가 없다.

따라서 필자 의견으로는 검찰청 전체는 물론 검찰수사관의 미래는 여전히 밝다. 검찰수사관의 수사, 공판, 형 집행 수행에 필요한 법적지위는 법률상 그대로 인정되고 있다. 새로운 형사사법 환경에서 검찰수사관이 자부심과 긍지를 가지고 더욱 중요한 역할을 할 수 있도록 제도정비와 역량강화의 노력이 필요할 뿐이다.

앞으로도 검찰은 새로운 환경에 맞는 인력과 조직 운용 방안 마련, 범죄에 효율적 대처를 위한 전문화 추진, 일하는 방식 개선 등을 통해 국민이 부여한 임무를 충실히 수행 할 것으로 믿는다.

02 검찰수사관 전문화

> ○ 검찰수사관 '공인전문수사관제' 운영 확대
> - 수사, 형 집행, 범죄수익환수, 조직운영 등 28개 분야, 432명 지정

범죄는 점점 더 지능화·다양화되고 있고, 그 속도는 법과 제도를 앞서간다. 이에 대한 효과적 대처방법은 전문화를 통한 대응이다. 검찰수사관에게 모든 범죄분야를 잘 알아서 대처하라고 요구 할 수 없으며, 그럴 필요도 없다.

예컨대, 금융, 증권, 보험과 같은 경제범죄에 관심이 있는 수사관이 그 분야에서 지속적으로 근무하다보면 해당분야의 전문지식과 수사기법이 쌓이게 되어 자연스레 전문화가 된다. 금융 수사를 잘하는 수사관을 다른 분야(예컨대, 부정부패 분야)로 전환배치 하지 않고 계속 금융수사를 담당하게 하는 것이 전문화이다.

검찰은 이런 필요성을 잘 인지하여, 현재 28개 전문 분야에 공인전문수사관을 지정·운영하고 있다. 특수, 공안, 자금추적, 회계분석 등 수사 분야 뿐 아니라 형 집행, 범죄수익 환수, 수사정보, 감찰, 조직운영 등 다양한 전문분야를 두고 있다.

2021년 1월 현재 432명의 검찰수사관이 공인전문수사관으로 인증되어 활동하고 있다. 해당분야 3년 이상 경력이 있는 검찰수사관을 대상으로 전문분야 실적, 교육이력 등을 엄격히 평가하여 인증하고 있다.

공인전문수사관으로 지정되면 전문분야에서 장기간 근무할 수 있고, 전문 직위 수당을 받을 수 있는 혜택이 있다. 향후, 검찰은 공인전문수사관 지정의 확대를 통해 전문역량을 강화해야 한다.

검찰수사관은 무슨일을 하나요?

〈공인전문수사관 전문분야 현황〉

순번	전문분야	주요 직무
1	부정부패	공공분야 부정부패, 민간분야 부정부패
2	공정거래	공정거래, 하도급거래
3	금융증권	금융, 증권
4	보험	보험
5	조세	조세
6	지식재산권	저작권, 산업재산권(부정경쟁)
7	부정경쟁·기술유출	기술유출(탈취)
8	국제	외국환, 관세, 국제공조
9	보건	의약, 식품
10	여성·아동	성폭력, 가정폭력(아동학대), 소년
11	환경	환경, 해양환경
12	건설	건설, 건축, 부동산
13	교통·안전	교통, 안전사고, 화재사고
14	문화, 예술, 종교	문화, 예술, 종교
15	경제범죄	사기, 횡령, 배임, 유사수신, 다단계 등
16	강력	살인, 조직범죄, 사행행위, 마약
17	공공수사	안보, 선거, 노동, 집단
18	수사정보	수사정보
19	범죄수익환수	범죄수익환수, 자금세탁범죄
20	자금추적	자금추적
21	회계분석	회계분석
22	과학수사	감정·감식
23	디지털수사	컴퓨터포렌식, DB포렌식, 모바일포렌식, 암호해독
24	사이버수사	사이버수사
25	형집행	검거, 강제집행
26	감찰	비위감찰, 사무감사
27	조직운영	인사기획, 예산편성, 복지기획
28	정보, IT	개인정보보호, 정보보안, 정보통신, KICS 관리

03 인력·조직 운용 효율화

> ○ 새로운 제도에 맞는 인력배치 및 조직 운용 필요

2021년 1월부터 새롭게 변화된 형사사법제도가 시행되면서 외관상 검찰의 업무량이 감소한 것이 아닌가 하는 검찰 외부의 일부 시각도 존재한다. 하지만, 검찰의 업무량이 크게 감소하지는 않을 것이다. 왜냐하면 업무가 감소한 분야도 있지만 업무가 증가하거나 새롭게 생긴 분야가 있기 때문이다.

중요한 것은 새로운 제도 시행에 따른 업무증감 분석을 통해 인력과 조직을 그에 맞추어 운용하는 것이다. 실증적 데이터를 얻기 위해서는 적어도 1~2년 정도의 기간이 필요하다. 새로운 제도 시행이 얼마 지나지 않아 아직은 정확한 자료를 얻기에는 시기상조이다.

하지만, 필자는 새로운 형사사법 환경에서 검찰수사관의 역할이 증대될 것으로 본다. 검찰은 국민의 기본권을 빈틈없이 보호해야 하고, 그러기 위해서는 형사·공판 분야를 강화해야 한다. 여기에 검찰수사관이 필요하다.

기존에 공판분야에서 검찰수사관의 인력과 역할은 크지 않았다.

하지만, 검사작성 피신조서의 증거능력 제한에 따라 공판과정에서 증거동의 또는 내용인정 가능성이 낮아진다. 이에 대응하여 1공판검사-1검찰수사관 체제를 갖추어 검찰수사관은 검사와 함께 공판정에도 출석하고, 증인신문사항 초안을 작성 하는 등 공판지원 역할을 확대해야 할 것으로 보인다.

수사과·조사과는 기존의 고소·고발 사건 담당 이외에도 새로운 임부가 부여될 수 있다. 경찰이 불기소 결정한 사건의 이의신청 사건이 늘어나게 되면 검사실에서 모두 처리하기 어렵다. 그렇게 되면 수사과·조사과와 검사실의 협업을 통해 국민들에게 신속하고, 공정한 수사결과를 제공하여야한다.

또 다른 방향은 검사직무대리 직무범위 확대이다. 현재는 약식사건과 불기소처분 사건에 한정하지만, 독일과 일본처럼 징역 6개월 이하 구공판 사건 등으로 직무범위를 확대할 필요가 있다. 경미사건은 검사직무대리가, 중한사건과 사경에 대한 사법통제는 검사가 담당하는 이원적 시스템 고도화를 검토할 필요가 있다.

앞의 예에서 보았듯이, 새로운 형사사법 환경이 검찰수사관의 역할 감소를 의미하지는 않는다. 국민편익과 효율성을 고려하는 인력과 조직운영을 통해 더 큰 역할 수행도 기대해 볼 수 있다. 오히려, 자체 인력조정으로는 이런 방안을 기대하기 어려울 수 있고, 인력 증원을 위한 관계기관 설득과 협의가 필요할 수도 있다.

형 집행 전문화 및 제도개선

> ○ 형 집행 전문화를 위한 전담조직 신설 및 제도개선

검찰이 매년 집행해야 할 재산형 건수는 100만 건 이상, 실제 징수해야할 금액은 8조원이 넘는다. 그 중 추징금의 집행률이 특히 낮다. 향후 검찰은 집행률 향상을 위한 전문화와 제도정비를 추진할 것이고, 이 과정에서 형 집행 분야는 검찰수사관의 블루오션 분야로 자리매김할 거라고 필자는 확신한다.

전국 검찰청의 재산형 전담 집행 인력은 많지 않다. 적은 인력으로 건수 기준 70% 이상을 집행한다는 것은 대단한 성과이다. 그들은 벌과금 조정, 납부안내 및 고지, 전화 독촉과 같은 통상업무 수행에도 과중한 업무 부담을 안고 있다.

그런데 추징금, 고액벌금 집행은 쉽지 않은 과정이다. 먼저, 사실조회 등 여러 기법을 동원하여 은닉재산을 추적해야하고, 그 다음에 추적한 재산에 대한 압류 등 강제집행을 진행하고, 마지막으로 압류한 재산에 대해 소장 작성 등 소송수행을 담당해야 한다.

추징금, 고액 벌금 집행의 특수성으로 인해 담당 수사관은 장기 근무하면서 서로간의 분업을 통해 전문성을 쌓아야 실적이 향상될 수 있다. 하지만, 검찰은 그간 인력 부족으로 형 집행 분야 실적 향상에 다소 소홀한 측면이 있었다.

향후 검찰은 형 집행 분야에 관심을 두고, 전담 조직을 만들어 가성비 '갑'의 효과를 거두어야 한다. 아무리 정당한 판결이 내려진다 한들 이를 집행하지 않으면 판결문은 휴지 조각에 불과하고, 국민은 이를 용납하지 않을 것이기 때문이다. 단기 방안은 즉시 시행하고, 중·장기 방안은 여건을 살펴보면서 추진하면 된다.

단기 방안은 전국 검찰청 7~8곳에 추징금과 고액 벌금을 전담하는 가칭 '특수집행팀'을 신설하는 것이다. 6급 수사관을 팀장으로 5명 정도의 인력이 추징금, 고액벌금을 전담하여 사실조회, 강제집행, 소송수행을 일관되게 수행하도록 한다. 물론, 장기 근무를 보장하여 전문성을 갖추도록 한다.

중기 방안은 고등검찰청 단위의 광역으로 6개 고검에 가칭 '특수집행과'를 설치하는 것이다. 고검 관내 추징금과 고액 벌금 전담 이외에 불출석 피고인 검거 등의 업무를 추가할 수 있다. 업무의 전문화, 광역화를 통해 형 집행률 향상에 기여할 수 있을 것이다.

장기 방안은 가칭 '형집행본부'와 같은 형 집행 전담조직을 별도로 설치하는 것이다. 예컨대, 법무부 소속의 가칭 '형집행본부'는 검찰의 자유형, 재산형 집행업무를 전담하고, 자유형은 형 확정 이후, 재산형은 조정 이후의 업무를 이관 받는다. 형집행본부 직원과 검찰수사관은 순환근무가 가능하도록 하고, 시설은 검찰 청사를 활용하는 것이다.

형 집행률 향상을 위한 제도개선도 필요하다. 예컨대, 벌과금 미납자의 은닉재산을 신고한 사람에게 포상을 하는 '은닉재산 신고 포상제', 세금의 가산세 제도와 유사한 '벌과금 가산금 제도', 세금 체납자 명단공개와 비슷한 '고액 벌과금 미납자 명단공개 제도'와 같은 제도 개선도 검토해야 한다.

05 검·경 수사권조정

> ○ 주요 내용
> - 검사와 경찰의 관계가 지휘관계에서 협력관계로 변경
> - 경찰은 1차적 수사 종결권, 단 검사의 보완조치 마련
> - 검찰의 직접수사는 6대 범죄로 제한
> - 검사작성 피의자신문조서 증거능력 제한

검·경수사권조정 법률 시행에 따라 형사소송법, 검찰청법 등이 개정되어 시행되고 있다. 하지만, 새로운 형사사법 환경에서도 범죄로부터 국민을 보호하고, 국민의 인권을 보장하는 검찰의 기본 소명은 여전히 변함이 없다. 또한, 검찰의 역할 총량 중 일부만이 제한을 받는다고 봄이 상당하다.

개정된 검·경 수사권조정 법률의 변화된 내용을 간략히 살펴보겠다.

첫째, 검·경 수사권 조정의 핵심은 검사와 경찰의 관계설정이다. 기존에는 검사와 경찰의 관계가 수직적 지휘관계였다. 따라서 경찰은 수사과정에서 검사의 지휘를 받아야 했다. 하지만, 수사권 조정 이후에는 수평적 협력관계를 지향하므로 검사의 수사지휘가 폐지되었다. 다만, 최소한의 사법통제를 위해 검사는 보완수사요구와 시정조치요구를 할 수 있다.

둘째, 경찰은 1차적 사건 종결권을 갖게 되었다. 종전에는 경찰이 수사를 종결하면 사건을 모두 검찰로 송치하고, 검사가 사건에 대한 종국처분을 하였다. 하지만, 이제 일부 사건은 경찰단계에서 종결이 된다. 즉, 불기소로 결정한 사건은 자체적으로 불송치 결정을 하고 검찰로 송치하지 않는다.

다만, 불송치 결정된 사건은 검사에게 기록을 송부하여 90일 동안 기록을 검토하도록 하는 보완장치를 두었다. 또한, 고소인, 피해자 등이 불송치 결정된 사건에 대해 이의신청을 하면 사건은 검사에게 송치된다. 이 말의 의미는 검찰청 사건번호가 부여되고, 검사가 다시 수사하여 판단한다는 뜻이다.

셋째, 검찰의 직접수사 범위에 제한이 생겼다. 검찰은 기존에 모든 사건에 대해 직접 수사를 할 수 있었다. 하지만 수사권 조정 이후에는 6대 중요범죄와 경찰공무원 범죄 등에 한정하여 직접 수사가 가능하다. 6대 범죄는 부패·경제·공직자·선거·방위사업·대형 참사범죄이다. 부패범죄는 3천만 원 이상 뇌물수수 사건, 경제범죄는 5억 원 이상의 고액 사기·횡령·배임 등의 범죄가 대상이다.

넷째, 2022년 1월부터 검사작성 피의자신문조서의 증거능력에 제한이 있다. 기존에는 검사가 작성한 피의자신문조서와 검사 이외 수사기관이 작성한 조서의 증거능력에 차이를 두었다. 하지만, 형사소송법 개정에 따라 검사작성 피의자신문조서의

검찰수사관은 무슨일을 하나요?

증거능력이 '피고인이나 변호인이 그 내용을 인정할 때' 한하여 인정된다.

〈검 · 경 수사권조정 주요 사항〉

구분	조정 前	조정 後
관계설정	*지휘관계 (수직적) -수사지휘 가능	*협력관계(수평적) -수사지휘 폐지 -보완수사요구, 시정조치요구
사건종결	*경찰은 전건(全件)송치 *검사는 전건 사건종결	*경찰 1차적 사건종결 인정 -다만, 불송치 기록 검사 송부 -이의신청사건은 검찰송치
직접수사범위	*검찰 범위제한 없음	*검찰은 6대 중요범죄 한정 -부패·경제·공직자·선거·방위사업·대형참사
피신조서	*검사/경찰 증거능력 차이	*검사/경찰 증거능력 차이 없음

〈참고 : 검사의 직접수사 범죄〉

순번	유형	주요 범죄
1	부패범죄	뇌물수수(3천만 원 이상), 알선수재, 변호사법위반, 정치자금법위반, 리베이트 수수(5천만 원 이상) 등
2	경제범죄	5억 원 이상 고액 사기·횡령·배임, 미공개 중요정보 이용 거래, 산업기술유출, 영업비밀침해, 공정거래법위반 등

순번	유형	주요 범죄
3	공직자범죄	주요공직자의 직무유기, 직권남용, 독직폭행, 공무상비밀누설, 허위공문서작성 등 ※ 주요공직자 :공직자윤리법상 재산등록 의무자 (국회의원, 지자체장, 법관, 검사, 4급 이상 공무원, 공기업 임원 등)
4	선거범죄	형법상 공무원의 선거방해, 공직선거 및 조합장·대학총장 선거, 국민투표와 관련된 모든 선거범죄 포함 ※ 당선무효에 해당하는 형의 선고를 받을 가능성이 있거나 사회적 이목을 끄는 등 검사의 수사 개시가 필요하다고 관할 검사장이 판단하는 경우 수사개시
5	방위사업범죄	방위사업의 수행과 관련된 범죄(죄명 등 제한 없음)
6	대형참사범죄	화재·붕괴·폭발 등으로 대규모 인명피해, 국가핵심기반 마비 등이 초래된 경우 그와 관련하여 범한 범죄(죄명 등 제한 없음)

06 공수처 설치

> ○ 공수처 수사대상 및 범죄
> - 수사대상은 대통령 등 정무직 이상 공무원, 판사, 검사 등 고위공직자
> - 대상범죄는 고위공무원의 직무관련 범죄

2021년 1월부터 '고위공직자범죄수사처 설치 및 운영에 관한 법률'이 시행되고, 공수처가 운영되고 있다. 대통령을 포함한 정무직 공무원, 판사, 검사, 경무관 이상 등 고위공무원의 특정 범죄는 공수처가 수사권을 갖는다.

공수처의 대상범죄는 고위공직자가 저지른 모든 범죄가 아니라 직무와 관련성이 있는 범죄로, 뇌물죄, 직무유기, 직권남용, 알선수재 등이 해당한다.

법률에 따르면, 공수처와 검찰이 서로 수사가 중복될 경우에는 공수처가 우선권을 갖고, 판사, 검사, 경무관 이상은 공수처가 직접 기소를 하고, 나머지는 검찰이 기소한다.

검찰은 이와 같이 고위공무원의 직무범죄에 대해서는 수사권한이 제한이 되었지만, 나머지 부패범죄에 대해서는 여전히 수사가 가능하다.

〈공수처 설치법 주요내용〉

구 분	주요 내용
수사대상	*대통령, 국회의장, 대법원장, 장관 등 정무직 이상 *판사, 검사, 경무관 이상의 경찰 *감사원·국세청·공정위·금융위 3급 이상 등
대상범죄	*직무관련 범죄(뇌물죄, 직무유기, 직권남용, 알선수재 등)
수사권한	*중복되는 범죄는 공수처가 우선 수사권
기소권한	*판사, 검사, 경무관 이상은 직접기소/나머지는 검찰기소

역량 키우기

조직생활에 필요한 역량에는 직무역량과 관계역량이 있다.
초임 수사관뿐 아니라 공기업, 민간기업 등 직장생활을 하는 초임 직원들도 알아두면 유익한 역량 키우기에 대해 기술한다.
역량은 조그만 관심과 실천이면 충분히 가능하다는 점을 명심하자.

제7장 역량 키우기

1. 역량 키우기 ①
2. 역량 키우기 ②
3. 직무역량 키우기 ①
4. 직무역량 키우기 ②
5. 직무역량 키우기 ③
6. 직무역량 키우기 ④
7. 직무역량 키우기 ⑤
8. 직무역량 키우기 ⑥
9. 관계역량 키우기 ①
10. 관계역량 키우기 ②

01

역량 키우기 ①

> ○ 직장생활에는 직무역량과 관계역량이 뛰어나면 최고의 인재
> - 역량 키우기는 직무와 사람에 대한 조그만 관심과 실천이면 충분

누구나 조직에서 인정을 받고 싶어 한다. 그러려면 다른 사람보다 뛰어난 역량이 있어야 한다. 직장생활에 필요한 역량은 무엇일까? 필자가 20년 넘게 공직생활을 경험한 결과, 직무역량과 관계역량이 뛰어나면 모든 구성원들에게 인정과 사랑을 받는다.

직무역량은 직장에서 맡은 일을 잘하는 것, 관계역량은 조직 구성원들과 두루두루 원만하게 잘 어울리는 것이다. 그러면 역량을 키울 수 있는 방법은 무엇일까? 답은 의외로 간단하다. 업무와 사람에 대한 조그마한 관심과 실천이면 충분하다.

직무역량은 내가 담당하고 있는 업무에 대한 관심과 고민 그리고 실천, 관계역량은 다른 사람과 공동체를 생각하는 배려의 마음가짐과 실천이면 충분하다. 즉, 업무와 사람에 대한 관심과 실천이면 역량은 저절로 커진다.

입사 1년차인 A와 B가 있다. A는 일도 잘하고, 직원들과의 관계도 원만하다. B는 업무에 실수가 잦고, 구성원들과 종종 마찰을 일으킨다. 인사철이 되면 부서장들의 선호는 확실하다. 이미 A와 B에 대한 세세한 정보를 꿰뚫고 있으면서 이런, 저런 이유를 들어 서로 A가 자기 부서에 필요하다고 주장하고, B에 대해서는 기피한다.

A와 B의 직장생활은 불과 1년 밖에 되지 않았음에도 구성원들은 둘의 업무능력, 성향 등 상당부분을 파악하고 있다. 적어도 하루에 9시부터 6시까지 함께 근무하는데 모르는 것이 이상한 것이다. 조직 크기, 수도권·지방, 공기업·민간기업 여부와도 아무런 상관이 없다.

결국, 나에 대한 동료, 선배, 상사의 암묵적 평가결과는 내가 어떻게 행동했느냐에 따라 정해진다. '내 탓이오!'가 정확한 답이다.

02 역량 키우기 ②

> ○ 직무역량은 맡은 업무에 대한 조그만 관심과 실천이면 충분
> ○ 관계역량은 타인과 공동체를 배려하는 마음가짐과 실천이면 충분

먼저, 직무역량 키우기의 첫 번째는 여러분이 맡은 업무에 대해 관련 법령, 직무 매뉴얼, 전례(前例) 등을 꼼꼼하게 살펴보는 것이다. 초임직원에게 많은 업무 부담을 주는 경우는 많지 않다. 내가 담당할 업무를 꼼꼼하게 처리한다는 자세만 있으면 충분히 가능하다.

초임직원의 특권 중 하나는 모르는 사항에 대해 누구에게나 자유롭게 문의할 수 있다는 점이다. 모르는 분야는 겁먹지 말고 당당하게 물어보면 된다. '이것도 모르냐?'며 핀잔을 주는 사람은 거의 없다. 그런 사람이 있다면 다음부터는 '손절'하고 멀리하면 된다.

둘째, 관계역량 키우기는 사람들을 잘 관찰하고, 그들의 행동에 공감하고 소통하려는 자세에서 출발한다. 주변의 말에 고개를 끄덕이며 동조하고, 맞장구를 치는 것, 사무실 분위기가 조용하고자 할 때 조용하고, 박수칠 때 박수치는 것이다. 이것이 타인과 공감하고 소통하는 방식이다.

거기에 더해, 타인과 공동체를 생각하는 배려의 마음가짐이 있으면 금상첨화이다. 예컨대, 사무실에 조금 일찍 출근하여 창문을 열어 환기를 하는 것이 공동체를 위한 배려의 한 사례이다.

여러분의 이런 태도와 실천은 큰 비용과 노고가 들지 않는다. 하지만, 그 결과는 여러분을 공동체에서 '인정'을 받는 존재로 안내할 것이다. 또한, '인정받음'의 결과는 여러분의 보직 이동에 플러스 요인이 된다. '나에 대한 최고의 인사권자는 나 자신'이라는 사실을 깨닫게 될 것이다.

03 직무역량 키우기 ①

> ○ 주인의식과 적극적 자세만 있으면 역량은 자연스레 향상
> - 수사, 검찰행정 모두 고민하여 해결되지 않는 난제는 없음

직무역량은 주인의식과 적극적 자세로 업무를 수행하다보면 나도 모르는 사이에 저절로 향상된다. 내가 맡은 단위업무에 대해 '내가 최종 책임자'라는 자세로 고민하고, 고민하는 태도이면 충분하다. 예컨대, 어려운 사안이 생기면 법령집을 찾아보거나, 선배에게 물어보거나, 비슷한 사례 검색 등을 통해 최적의 해결방안을 고민하면 해결이 된다.

모든 일은 생각하기 나름(一切唯心造)이다. 마음만 있으면 해결방안은 나오게 되어 있다. 고민하고, 고민하여 문제를 해결하면 성취감이 생기고, 그 이후 자신감이 생긴다. 문제해결→성취감→자신감의 선순환 구조가 만들어 진다.

필자는 20년 넘게 검찰생활을 했다. 그런데 '내 능력으로는 이 문제는 도저히 해결할 수 없어'라고 생각되는 업무는 거의 없었다. 아무리 어려운 과제라도 해결에 엄청난 창의성과 전문성이 필요하지 않았고, 주인의식을 가지고 문제를 해결하려는 자세면 충분했다.

직무를 수행하는데 고도의 전문성과 창의성이 요구되는 직무는 전체 조직체에서 5%도 되지 않을 것이다. 공무원, 공공기관, 금융기관, 민간기업 등 국내조직은 물론 해외조직에서도 마찬가지이다. 예컨대, 양자물리학 연구자, 시인, 소설가, 음악가, 소프트웨어 프로그램 개발자 등과 같은 소수의 직종 이외에는 고도의 전문성과 창의성이 없어도 고민과 노력으로 해결된다.

필자 경험으로는 검찰행정을 잘하는 사람이 수사도 잘했다. 행정을 잘하는데 수사는 못하고, 수사는 잘하는데 행정을 못하는 경우는 거의 찾아보기 어려웠다. 아마도 일을 대하는 자세와 태도에 기인하는 듯하다.

〈참고 : 고도의 창의성과 전문성이 요구되는 직종〉

▶ 양자역학

- 20세기 초까지는 뉴턴과 아인슈타인의 이론만으로도 우리가 사는 세상과 우주의 원리에 대해 모든 설명이 가능했다고 한다. 사과가 떨어지는 것부터 별의 1년 후 위치까지 거시세계의 모든 물체는 어느 한 순간의 위치와 속도를 알면 미래 어느 순간의 위치는 예측이 가능했다.

- 하지만, 원자가 발견된 이후의 미시세계, 원자의 운동을 연구하는 양자역학에서는 뉴턴의 고전역학은 쓸모가 없어진다고 한다. 원자라는 물체는 볼 수도 없고, 위치를

알 수도 없으며, 똑같은 원자가 두 장소에서 동시에 존재하는 마술을 보인다고 한다.

- 이런 어려운 이론에 대해 어떤 학자는 "양자역학을 제대로 이해하려면 인간이 진화하여 뇌의 신경망이 재배선 되어야 한다. 인간의 뇌는 생존과 번식을 위해 진화를 해왔지 양자역학을 연구하기 위해 진화한 것이 아니다." 라고 합리화 했다고 한다.

- 심지어 아인슈타인도 양자역학의 이론(불확정성과 확률론)에 의문을 품으면서 "신은 주사위 놀이를 하지 않는다."고 말했다고 한다.

- 어쨌든, 양자역학 같은 어려운 학문은 자신의 노력만으로는 성취를 이룰 수 없고, 타고난 소질이 있어야 한다. 하지만, 직장의 업무는 이렇게 어려운 분야는 절대, 절대로 없다. 안심하시라. 고민과 노력만 하면 성취로 연결된다.

▶ 제프 베이조스의 전공 전환

- 세계 최대 전자상거래업체인 아마존은 제프 베이조스가 1995년 설립한 회사로서, 미국 전자상거래의 플랫폼 기업으로 성장했고, 2019년 매출이 313조원에 달한다고 한다. 참고로 같은 해 삼성전자의 매출은 230조원이다. 그는 프린스턴 대학에서 물리학을 전공하려 했지만 천재들이 득실거리는 것을 보고, '나는 도저히 저들을

이길 수 없다.'며 물리학을 포기하고 컴퓨터 공학으로 전환 했다고 한다.

- 초기 인터넷 쇼핑은 시민들에게 생소한 경우라서 무엇으로 인터넷 쇼핑을 시작할까 고민하다가 최초의 상품을 책으로 정했는데, 그 이유는 책은 선택의 고민이 적고, 배송 중 파손되는 사례가 적기 때문이었다고 한다.

- 필자는 베이조스가 동료 물리학 전공자보다 더 천재라는 생각이 든다. 자신을 정확히 판단하고 전공을 바꾸는 과감함, 최초의 인터넷 쇼핑 대상을 책으로 정한 결정(만약 옷으로 정했다면 현재와 같이 성공 했을까?), 지금까지 세상에 끼친 영향력 등을 볼 때 …

▶ 자료 출처

- 김상욱(2018), 떨림과 울림, 동아시아
- 이명현 등(2015), 과학수다 1, 사이언스북스
- 조선일보(2020. 11. 24) 신문은 선생님(IT따라잡기 아마존)

04

직무역량 키우기 ②

> ○ 직접 경험하는 것이 역량강화의 첫걸음
> - 직접 부딪치고 실패를 경험하며 노하우를 쌓아나가는 것임

　업무에 대해 직접 경험하는 것은 역량강화의 첫걸음이다. 자기가 맡은 직무에 대해 성공과 실패의 경험을 축적해야 한다. 특히, 실패한 사례를 통해 문제점을 개선하는 자세를 갖다보면 업무의 노하우와 자신감이 쌓인다. 이것은 무엇과도 대체할 수 없는 나만의 자산이 된다.

　필자가 23년 전 검사실에서 수습으로 근무할 때 일 두 가지를 소개한다. 먼저, 피의자신문조서를 작성하였는데 간인과 날인을 누락하였다. 피의자에게 상황을 설명하고 검찰청에 다시 들어올 것을 요청했으나 그는 구속될 것으로 오인하였는지 나중에는 연락마저 끊었다. 할 수 없이 서대문구에 있는 쪽방 촌에서 밤마다 며칠을 대기하다가 간신히 만나 보완했다. 이 사건 이후, 필자는 간인과 날인을 누락한 사례는 없었다.

　둘째, 피의자신문조서에 범죄 일시와 장소를 누락했다. 피의자신문조서에는 공소장에 들어갈 범죄 구성요건이 빠짐없이 조사되어야 하고, 일시와 장소는 기본 중의 기본이다. 피의자에게

사정을 하여 다시 소환하여 보완을 했는데 필자의 얼굴은 너무 창피하여 홍당무가 되었고, 피의자는 영문도 모른 채 시간과 비용을 낭비했다.

필자의 지인 A는 현장검거 경험이 많다. 초기에는 피의자 검거에 몇 번 실패를 하였는데, 사유를 곱씹어보니 충분한 사전준비 부족이라고 생각했다. 이후 피의자 차량이 집 부근에 있는지 여부, 있다면 차량 본넷을 만져보아 따뜻한지 여부, 집의 전기, 수도 계량기가 미세하게라도 돌아가고 있는지 여부 등을 종합적으로 검토하여 실행을 했다고 한다.

어떤 난제가 닥쳐도 '나와 한 번 붙어보자.'는 자세로 직접 부딪쳐 보는 것이 역량향상의 첫걸음이다. 특히, 수사 분야는 직접 많은 사람을 대하고, 조사하고, 그 과정에서 시행착오도 겪고, 실패도 해 보아야 베테랑 수사관으로 성장할 수 있다.

05 직무역량 키우기 ③

> ○ 검찰수사관은 형사법, 직무관련 규정에 대해 공부가 필요
> - 인터넷 기사로 공부 등 취향에 맞게 하면 됨

검찰수사관은 형사법과 직무관련 법령을 공부해야 한다. 검찰행정 업무 수행에도 마찬가지이다. 예를 들어, 민원인을 응대할 때 형사법 지식과 직무관련 규정이 부족하면 만족도 높은 응대가 곤란하다.

형사법과 직무관련 법령 학습은 본인의 의지만 있으면 된다. 국가공무원인재개발원에는 공무원 직무역량 개발에 필요한 다양한 사이버강의가, 법무연수원에는 형법, 형사소송법 등 법률 사이버 강의가 다수 개설되어 있다.

또한, 검찰청 내부 사이트인 e-PROS에는 공소장, 불기소장, 송치의견서 작성방법, 형사실무, 사건과 업무프로세스, 재산형 집행 공유방과 같은 직무분야 지식, 기타 업무수행에 필요한 다양한 자료가 구비되어 있다.

공부의 방법은 형사법 사이버 강의 수강, 형사법 교과서 읽기 등 각자의 취향에 따라 하면 된다. 공부의 총량 또한 공직에

입문할 정도의 학습량을 요구하지도 않는다. 업무수행에 참고할 정도로 쉬엄쉬엄 해도 아무 상관이 없다.

필자는 형사법 공부 방법 중 하나의 팁을 주고자 한다. 언론에 나온 재미있는 형사법 기사를 읽고, 형사법 교과서에서 해당분야를 다시 찾아보는 습관을 계속하면 형사법 지식이 향상된다.

공부시간은 출퇴근 할 때 인터넷 기사 검색을 활용하면 된다. 통상 수도권 직장인은 하루 2시간 정도를 출·퇴근에 사용하는데 하루에 10분씩만 투자해 보기를 권유한다.

〈참고 : 인터넷 기사로 공부하는 형사법〉

1. 성폭행 저항하다 '혀 절단'하면 정당방위?

▶ 사실관계

- A는 술에 취한 B를 자신의 차량에 강제로 태워, 청테이프, 피임기구 등을 편의점에서 구매한 뒤 한적한 야산으로 차를 몰고 감.

- A는 조수석에 타고 있던 B의 손과 발 등을 청테이프로 묶고, 강제키스 시도. 이에 놀라 깨어난 B는 A의 혀를 깨물어 3cm 정도를 절단함.

▶ 검찰판단

- 검찰은 B가 A의 혀를 깨문 것은 '피해자의 신체와 성적

자기결정권에 대한 현재의 부당한 침해를 벗어나기 위한 정당방위'로 판단

- 결국 B는 불기소처분(죄가안됨).

▶ 형사법 공부

- 범죄가 성립하려면 ①구성요건에 해당하고, ②위법하고, ③책임 있는 행위로서, ④고의가 있어야 함.

- 본 건은 상해죄의 구성요건에는 해당

※ 상해는 신체의 생리적 기능 훼손, 혀가 절단된 것은 중상해에 해당.

- 형법은 위법성을 판단함에 있어 위법성 조각사유(위법성이 깨짐)를 두고 있으며, 정당방위, 정당행위, 긴급피난, 자구행위 등이 이에 해당.

- 본건은 상해죄의 구성요건에는 해당하지만 그 행위가 위법하지 않아(위법성이 조각되어) 범죄가 성립하지 않음.

- 따라서, 본건은 불기소처분 중 죄가안됨에 해당.

▶ 자료 출처 (네이버 인터넷 뉴스)

- 2021. 2. 10. KBS 뉴스
- 2021. 2. 9. 한국일보 등 참고

2. 채무자 자녀 결혼식장에서 'OOO 돈 갚으라.' 종이 들고 다니면 명예훼손?

▶ 사실관계

- A는 B에게 3천만 원을 빌려주었으나 B가 돈을 갚지 않음.
- A는 혼주인 B의 자녀 결혼식장에 찾아가 'OOO 돈주라'라고 쓴 종이를 들고 다니거나 자신의 옷에 붙이고 다님. A는 B와 결혼식장 업체의 퇴거요청에도 불응하여 경찰이 출동함.

▶ 판례

- 법원은 명예훼손죄에 해당된다고 판시하고 벌금 500만원 선고(1심).
- 피고인은 'OOO 돈주라'는 가치중립적 표현, 피해자의 명예를 훼손할 여지가 없는 표현이라고 주장.
- 법원은 ① 피해자가 돈을 빌리고도 제때 갚지 않은 사실을 객관적으로 인식할 수 있는 점, ② 그러한 문구를 종이에 들고 다녀서 하객들이 볼 수 있도록 하였고, 퇴거요구에도 불응한 점, ③ 이런 행동은 일반적 절차를 통하지 않는 분쟁상황에 이르렀다는 인상을 주기에 충분한 점, ④ 우리사회에서 결혼식이 갖는 의미를 참작하면 가치중립적 표현이 아닌 피해자의 명예를 훼손하는 구체적 사실의 적시에 해당함.

▶ 형사법 공부

- 명예훼손죄는 '공연히 사실을 적시' 할 때 범죄 성립

- 최근, 사실을 언급하고도 처벌받는 것은 표현의 자유를 과도하게 침해 한다는 주장제기
- 갑질, 학교폭력 등 공익성격 신고자 보호 필요 주장
- 사실 적시 명예훼손죄 폐지하는 형법개정안 발의

▶ 자료 출처 (네이버 인터넷 뉴스)

- 2020. 12. 11. KBS 뉴스
- 2021. 2. 14. 머니투데이
- 2021. 3. 18. 미디어 오늘
- 2021. 7. 23. 서울신문 등 참고

3. 아내와 함께 먹던 국과 반찬에 침 뱉으면 재물손괴?

▶ 사례 ① 사실관계 및 판례

- A는 아내인 B와 함께 집에서 식사를 함. 이때 A는 B가 밥을 먹으면서 다른 사람과 전화통화를 한다는 이유로 화가나 욕을 하며 아내 앞에 놓인 반찬과 찌개에 침을 뱉음.
- 법원은 재물손괴죄, 벌금 50만원 선고(1심, 2심)

  ※ A는 음식은 아내와 본인 공동소유로서, 자신의 행위로 음식의 효용을 해할 수 없다고 주장

- 법원은 타인과 공동으로 소유하는 재물을 손괴하는 경우에도 음식의 효용을 해한 것에 해당되어 재물손괴죄에 포함된다고 판시.

▶ 사례 ② 사실관계 및 판례

- A는 자신의 굴삭기를 세워두는 주차장에 B의 승용차가 주차되어 있자 화가나 B의 승용차 앞뒤에 장애물을 붙여놓아 B의 승용차가 빠져나오지 못함. B는 이로 인해 18시간 동안 승용차 사용을 못함.

- 1심은 A의 행위로 B차량 자체의 형상, 구조, 기능에 장애가 초래된 바 없다고 보아 무죄선고. 2심은 승용차 본래 용도인 운행을 못하도록 하는 것은 재물의 효용을 해한 것으로 재물손괴에 해당되어 벌금 50만원 유죄선고. 대법원은 물리적으로 차량을 훼손하지 않았어도 차량을 쓸 수 없도록 한 것은 재물손괴에 해당한다며 벌금 50만원 확정.

▶ 형사법 공부

- 재물손괴죄는 실무에서 다양하게 적용되는데 주로 구성요건인 '재물의 효용을 해함'에 대한 해석의 문제임. 예컨대, 직장동료의 텀블러에 체액을 넣은 경우에는 성범죄로는 적용할 조항이 없어 처벌하지 못하고(죄형법정주의) 텀블러의 효용을 해한 것으로 보아 재물손괴로 처벌함. 신발, 담요에 체액을 넣는 경우에도 같은 죄로 처벌

▶ 자료 출처 (네이버 인터넷 뉴스)

- 2021. 5. 28. MBC 뉴스
- 2021. 5. 28. 파이낸셜뉴스
- 2021. 5. 24. 경향신문
- 2021. 7. 3. 조선일보
- 2021. 8. 13. KBS 뉴스 등 참고

4. 유부녀 집에서 불륜 저지르면 주거침입?

▶ 사실관계

- A는 2019년 3차례에 걸쳐 유부녀인 B의 아파트(그녀는 이 아파트에 배우자 C와 함께 거주)에서 불륜행위를 함
- 검찰은 A가 B의 남편인 C의 의사에 반해 집에 들어갔다며 주거침입죄로 기소

▶ 판례

- 주거의 평온을 해한다고 보아 징역 6월, 집행유예 2년 선고(1심)
- 공동 거주자 1명의 동의 받고 집에 들어 왔다면 주거침입죄에 해당 되지 않아 무죄(2심)
- 주거침입죄는 거주자가 주거에서 누리는 평온한 상태를 객관적·외형적으로 해칠 때에만 성립되는데, 단순히 거주자의 의사에 반한다는 주관적 사정만으로는 주거침입죄를 적용할 수 없어 무죄(대법원)

▶ 형사법 공부

- 대법원은 1984년부터 '공동거주자 중 한 쪽의 승낙을 받고 집에 출입했더라도 다른 한쪽의 의사에 반할 경우에는 주거침입죄가 성립한다.'는 판결(83도685)을 유지하다, 2021년 대법원 전원합의체 판결을 통해 판례 변경

※ 간통죄 폐지이후 현행법으로 죄를 물을 수 있는 유일한 죄명으로 실무상 주거침입죄를 적용해옴

- 주거침입죄에서 '주거의 평온'에 대한 해석을 어떻게 할 것인지가 핵심

▶ 자료 출처 (네이버 인터넷 뉴스)

- 2021. 9. 9. KBS 뉴스
- 2021. 9. 9. TV조선뉴스
- 2021. 9. 13. 법률방송 등 참고

06

직무역량 키우기 ④

> ○ 대면보고
> - 문제 발생 시 핵심을 신속하게 보고

현안이 발생하여도 보고에 부담을 느껴 머뭇거리는 경우가 있다. 하지만, 신속한 보고를 통해 문제를 해결해야 한다.

왜냐하면, 보고는 직장에서 부하와 상사가 조직의 일을 잘 해내기 위한 의사소통의 수단이기 때문이다. 상사가 보고를 받지 못하면 눈과 귀가 막힌 상태에서 지휘를 하는 것과 같다. 부하와 상사가 보고를 통해 정보가 자유롭게 흘러야 일을 매끄럽게 처리할 수 있다. 보고는 상사의 의견, 힌트, 조언을 받을 수 있는 기회이고, 서로 간에 신뢰를 높일 수 있는 기회이기도 하다.

보고에는 특별한 격식이 필요하지 않다. 함께 해결방안을 고민하는 자리이면 충분하다. 신속한 보고가 필요한 경우로는, 검거한 벌금미납자가 난동을 부리며 자해를 하는 경우, 사후 구속영장 청구시간 48시간이 도과한 경우 등 다양하다.

과장, 국장 등은 돌발 상황에 대한 경험과 대처능력이 보고자보다 뛰어나다. 따라서 상사는 급박한 상황에 대해 핵심요지만 구두보고를 받더라도 보고자가 생각하지 못한 나름의 해결방안을 찾아내고, 적절히 대처할 수 있다. 그렇게 사안이 정리되고 해결방안이 마련되면 기관장, 상급기관에 정식보고서를 만들어 시행하면 된다.

상사가 보고를 받지 못해 상황을 파악하지 못하면 그에 대한 대처가 어렵고, 일은 더 꼬이게 된다. 예컨대, 자해를 한 미납자가 언론에 수사관의 가혹행위라고 주장하게 되면 나중에 해명에 진땀을 빼야 한다. 늑장보고로 질책을 받는 경우는 있어도 신속하게 보고했다고 혼나는 경우는 없으니 보고를 해야 할지 말지 고민되는 상황에서는 보고를 해야 한다.

신속한 보고로 문제된 상황이 모두 해결되지는 않는다. 하지만, 신속하게 핵심을 보고하면 적절한 대처를 통해 파장을 줄이거나 책임을 낮추는 효과는 거둘 수 있다. 늑장보고는 '호미로 막을 일을 가래로 막는 상황'을 만든다는 것을 명심해야 한다.

07

직무역량 키우기 ⑤

> ○ 대면보고
> - 핵심 사안을 두괄식(頭括式)으로 보고

보고는 핵심 사안을 두괄식으로 보고해야 한다. 핵심을 정확하게 파악해서 결론을 먼저, 간결하고 쉽게 보고해야 한다. 이는 대면이든 서면이든 똑같다.

엘리베이터 피치(Elevator Pitch)라는 용어가 있다. 미국 실리콘밸리의 벤처사업가가 엘리베이터 안에서 바쁜 투자자에게 30초의 짧은 시간에 사업내용을 빠르고, 간단하게, 요약설명하는 것에서 유래했다고 한다. 성공하면 투자금을 유치하게 된다. 핵심을 30초 이내에 두괄식으로 말하는 대표적 사례이다[1]. 결론을 간결하고, 쉽게, 두괄식으로 보고한다면, 여러분은 상사에게 유능한 부하, 믿음직한 부하로 자리매김 할 것이다.

직장생활과 같은 공적(公的)영역에서는 무조건 핵심을 두괄식(頭括式)으로 보고해야 한다. 보고는 조직의 업무를 제대로 수행하기 위해 상사와 부하가 서로 소통하는 방식이다. 그렇기 때문에 상사가 꼭 알아야 할 사항, 상사가 취해야 할 행동,

---

1) 남충희, 7가지 보고의 원칙(2012, 황금사자)

내려야 할 결정을 중심으로 보고해야 하는데 그에 적합한 방식은 두괄식이다.

다시 한 번 강조하면, 직장에서의 대화는 아빠와 딸이 만연체로 정감을 나누는 대화가 아니고, 연인 사이의 애정을 확인하는 대화도 아니다. 따라서 핵심을 간결하게 두괄식으로 이야기해야 한다.

결론을 먼저 말하고 그 결론을 내리게 된 이유를 설명하고, 그 다음 결론을 뒷받침하는 구체적 자료(통계, 설문조사, 언론기사 등)를 제시하면 된다. 마지막으로 결론을 다시 말하거나 향후 계획을 이야기 하면 깔끔한 보고가 된다.

〈참고 : 간결한 구두보고 예시〉

▶ 사례 ① : 자체 청렴도 측정결과 보고 상황

- 보고자 : 국장님, 자체청렴도 측정결과가 송부되어 전자결재 전에 미리 간략히 결과를 보고 드립니다.

- 상사 : 아, 그렇군요. 결과가 어떤가요?

- 보고자 : 이번 결과는 저조합니다. 종합 성적이 10개 비교 청 중 우리 청은 8위입니다. 총 4개 평가인자 중 2개 분야에서 최하위를 기록했고, 나머지 2개 분야는 중간 성적입니다.

- 상사 : 향후 실적을 향상시킬 방안은 있는가요?

- 보고자 : 예, 최하위를 받은 2개 분야, 청렴리더십과 클린콜 분야의 평가항목에 대해 철저한 대책을 세워 추진하면 실적상승이 가능합니다. 관계 부서와 협의를 거친 후 청렴도 측정 향상 방안을 수립하여 추후 종합 대책을 보고 드리겠습니다.

- 상사 : 예, 잘 알겠습니다.

▶ 사례 ② : 재기된 기소중지 사건기록을 찾지 못하는 상황

- 보고자 : 과장님, 재기된 기소중지 수사기록이 나오지 않고 있어 보고 드립니다. 어제 검사실에서 피의자 A에 대한 사건기록 요청이 있었는데 아직까지 소재를 알 수 없습니다.

- 상사 : 그렇군요. 언제까지 찾아야 하며, 어떤 기록 인가요

- 보고자 : 검사실에서는 최대한 빨리 기록을 찾아달라고 합니다. A는 국외 출국으로 기소중지 되었다가 다시 일반 기소중지로 보존된 것으로 보입니다. 피의사건 여러 건이 병합되었고, 피의자 수십 명이 3회에 걸쳐 보존 진행된 사건입니다.

- 상사 : 제가 돕고 싶은데 도와 줄 일이 없나요

- 보고자 : 아직은 없습니다. 어제부터 보존계 직원 전체가 각자 분담하여 기록이 있을 만한 곳을 찾고

있습니다만 보존과정에서 폐기되었을 수도 있습니다. 그 이유는 A는 2회에 걸쳐 체포영장이 발부되었고, 그 과정에서 검사실이 공소시효를 전산 수정하였으나 보존계로 재보존 통보를 누락해서 폐기되었을 가능성이 있습니다. 또는 보존계에서 다른 피의자의 기록을 폐기하는 과정에서 A기록이 잘못 폐기 되었을 가능성도 있습니다. 하지만, 기록보존창고의 다른 곳에 보존 되었을 가능성도 있으므로 최선을 다해 기록의 소재를 찾고 있습니다.

- 상사 : 예, 기록을 찾은 후 재발 방지를 위한 개선사항도 검토해주세요

- 보고자 : 검사실과 보존계의 협조 강화 방안, 기록 오폐기 방지를 위한 이중 점검 등의 개선방안을 추후 보고 드리겠습니다.

08 직무역량 키우기 ⑥

> ○ 서면보고
> - 보고서는 핵심 사안을 간결하고 쉬운 문장으로 작성
> - 수요자(상사) 입장에서 작성
> - 두괄식으로 작성하고, 보고자 의견제시
> - 큰 과제는 중간보고 시행

보고서를 작성할 경우에는 핵심을 간결하고, 쉬운 문장으로 작성해야 한다. 또한, 상사 입장에서 두괄식으로 작성하되, 보고자의 의견을 제시하는 방법이 유용하다.

첫째, 보고서는 핵심 사안을 간결하고, 쉬운 문장으로 작성해야 한다. 특히, 기관장까지 올라가는 보고서는 핵심 사안을 1페이지로 요약한 짧은 보고서로 작성하는 것이 좋다. 보고자의 주장을 뒷받침하는 통계자료 등은 보고서 뒷편에 첨부하면 된다.

문장을 간결하게 하는 방법은 주어와 술어를 명확히 하고, 단문으로 문장을 구성하는 것이다. 주어와 술어만 명확해도 전체적인 의미를 충분히 알 수 있다. 또 다른 방법은 형용사, 부사 등의 수식어 사용을 자제하면 된다. 수식어가 없어도 보고의 핵심 내용을 파악하는 데는 지장이 없다. 초등학생이 읽어도 쉽게 이해할 수 있도록 쉬운 문장으로 작성하는 것도 좋은 방법이다.

둘째, 보고서는 수요자인 상사의 입장에서 작성해야 한다. 보고서 내용은 통상 상사가 알아야 할 것, 조치를 취해야 할 것이다. 즉, 보고서의 소비자는 상사이다. 그런데 생산자인 보고자 중심으로 작성을 하게 되면 상사가 보고서를 이해하는데 어려움을 겪는 것은 당연하다.

예컨대, 결정을 내리는데 참고할 여러 쟁점사항이 있다면 각 방안의 장단점, 문제점 등을 정리하여 보고서에 기재하면 좋은 보고서가 된다. 보고자가 하고 싶은 이야기를 장황하게 설명하는 것은 지양해야 한다.

셋째, 보고서는 두괄식으로 작성해야 한다. 핵심을 정확하게 파악하여 결론부터 보고한다. 바쁜 상사에게 핵심 없이 장황하게 설명하는 것은 어찌 보면 무능을 표현하는 것일 수도 있다.

먼저 보고의 결론을 제시하고, 결론을 내리게 된 이유를 기술하면 된다. 그 다음은 결론을 뒷받침하는 구체적 자료 등을 제시하고, 마지막으로 결론을 다시 강조하거나 향후 계획을 기술한다.

넷째, 보고자의 의견을 제시하면 좋다. 보고자는 현안에 대해 사실관계를 가장 잘 파악하고 있고, 해결방안에 대해서도 가장 많이 고민한 사람이다. 따라서 보고자의 관점에서 제1안, 제2안 등 합리적 방안을 마련하여 제시하는 것을 권한다.

대안의 제시는 상사의 합리적 의사결정에 도움이 된다. 비록 상사가 보고자의 대안을 채택하지 않더라도 상관없다. 상사는 보고자의 대안제시에 만족한다.

마지막으로, 일주일 이상 검토가 필요한 큰 과제를 부여받은 경우에는 상사에게 중간보고를 하는 것이 좋다. 상사 입장에서는 실무자가 어떻게 과제를 진행하고 있는지 궁금하지만 부하에게 일일이 진행상황을 체크하기에는 부담스럽다. 따라서 부하가 먼저 지금까지 진행상황, 기한 내 보고서가 완료될지 여부, 관련 부서와의 협조 진행경과, 현재까지 미진한 부분 등을 중간보고한다. 그러면 상사는 과제에 대해 수정의견을 주거나 지시사항을 변경하는 피드백을 내놓을 수 있다. 그러면 최종보고는 상사가 원하는 보고서로 귀결되고, 보고자는 뛰어난 역량을 가진 직원으로 평가 받게 된다. 중간보고는 함께 식사할 때, 티타임 할 때와 같이 격식에 구애받지 않고 자유롭게 하면 된다.

관계역량 키우기 ①

> ○ 관계역량 향상은
> - 타인과 공동체를 배려하는 마음과 실천이면 충분

관계역량 키우기는 구성원과 공동체를 배려하는 마음가짐과 조그만 실천이면 충분하다. 직장생활은 사람과 사람이 어울려 공동으로 생활하는 공간이다. 사람과 사람이 모여서 업무를 하다 보니 부대끼고 갈등이 생길 수밖에 없는 구조이다.

'감정 이기는 논리 없다.'는 말처럼 갈등이 발생하면 수습은 참으로 어렵다. 서로간의 마음이 상하기 전에 갈등을 예방하는 좋은 방법이 배려이다. 다른 사람과 공동체의 상황을 이해하려는 자세와 실천이 배려의 출발이다.

직장생활에서 배려는 큰 것을 요구하는 것이 아니다. 다른 사람이 처한 상황과 입장을 생각하여 행동하는 자세, 즉 역지사지의 자세로 생활하면 된다.

예컨대, A직원이 회사 외의 일로 힘들어 할 때 위로의 말을 건네며 그 심정을 이해하려고 하는 것, B직원이 업무가 갑자기 늘어나 힘들어할 때 일을 분담하여 도와주는 협력의 자세면 충분하다.

검찰수사관은 무슨일을 하나요?

배려의 행동은 언젠가 나에게로 되돌아온다. 내가 사정이 좋을 때 저축하였다가 내가 사정이 어려울 때 되돌려 받는 것으로 보면 된다. 직장인이 회사생활을 하면서 항상 이익만 보고, 언제나 손해를 보는 일방적 상황은 절대 발생하지 않는다. 도움을 주게 되면 언젠가 도움을 받게 되어 있다. 이것이 세상의 이치이다.

내가 음지에서 고생한다고 푸념하지 않아도 구성원은 잘 알고 있다. 가족보다도 많은 시간을 함께하는데 모를 수가 없다. 음지에서 고생하는 다른 직원을 도와주면 그 복은 나에게 꼭 되돌아온다.

〈참고 : 인류 진화는 협력의 산물?〉

▶ 인류와 침팬지의 차이

- 인류와 DNA가 가장 유사한 종은 침팬지라고 한다. 그런데 인류와 침팬지는 출산할 때 서로 다른 행태를 보이는데, 침팬지는 조용하고, 한적한 장소로 가서 홀로 새끼를 낳고, 인류는 누군가의 도움을 받는다고 한다.
- 인류는 출산 때 산도가 좁아 사람이 돕지 않으면 산모와 신생아가 위험하기 때문에 협력이 필요하다고 한다. 이런 것을 근거로 인류는 진화과정에서 서로 협력하도록 설계되고 발전했다고 이야기 한다.

▶ 인류의 진화과정

① 500~600만 년 전 : 인류와 침팬지 분화

- 동아프리카 남부 어떤 산맥을 중심으로 인류는 동쪽에, 침팬지는 서쪽에 주로 거주했는데, 기후변화로 인해 인류가 살던 동쪽 지역이 밀림에서 초원으로 바뀌었다.

※ 밀림이 초원으로 바뀐 이유는 지각변동과 파나마 지협이 융기하며 대서양과 태평양을 흐르는 해류가 막힌 것 때문이라고 한다.

- 인류는 이후 생존과 번식을 위해 환경에 적응하며 진화의 길을 가파르게 진행, 침팬지는 밀림지역이 계속 남아있어 진화의 필요성이 적었다고 한다.

② 400만 년 전 : 직립보행

- 오스트랄로피테쿠스로 대표되는 종이 직립보행 시작, 직립보행으로 이동에 쓰이지 않게 된 팔이 도구제작에 유리하게 진화하였다.

③ 200만 년 전 : 호모 속 등장(뇌의 발달)

- 호모에렉투스, 호모하빌리스 등장, 키가 1미터에 불과하여 사냥은 하지 못하지만 죽은 동물의 골수를 빼먹는 등 사체청소부 역할, 고기를 먹기 시작하면서 뇌가 커지고 똑똑해지기 시작하였고, 도구를 제작하였다.

④ 100~70만 년 전 : 불의 발견

- 불을 이용하게 되면서 화식 가능, 위장 등 소화기관은 쇠퇴하고 뇌가 더욱 커지게 되었다.

⑤ 20만 년 전 : 현생 인류 등장

- 현생인류의 조상인 호모 사피엔스가 아프리카에서 등장하였다.

⑥ 10~5만 년 전 : 언어탄생, 인지혁명으로 협력의 가속도

- 공동생활, 커진 뇌, 언어구사가 가능한 발성기관(인두, 후강) 발달로 언어가 탄생하고, 전에 없던 방식으로 생각하고 의사소통을 하는 인지혁명이 일어났다. 인류의 협력에 가속도가 붙게 되었다.

- 사피엔스가 살아남고, 동시대의 네안데르탈인, 데니소바인이 소멸한 것은 인지 능력, 사회적 협력의 차이였다고 한다.

⑦ 1만 2천 년 전 : 농업혁명

- 농업혁명을 통해 정착생활을 시작하였다.

⑧ 500년 전 : 과학혁명

- 과학혁명을 통해 급속한 발전을 이루었다.

※ 인류 발전의 가장 큰 동력은 인류 상호간의 협력(유발 하라리)

▶ 자료 출처

- 유발 하라리, 사피엔스, 김영사
- 이상희, jtbc, 차이나는 클라스
- 빌 브라이슨, 거의 모든 것의 역사, 까치글방
- 김경렬, 지구의 역사/인간의 진화, 열린 연단 (openlecture.naver.com)

10 관계역량 키우기 ②

> ○ 관계역량 향상은
> - 넉넉한 마음가짐과 실천이면 충분

관계역량 키우기는 '내가 조금 손해를 봐도 좋다'는 넉넉한 마음가짐과 실천이면 된다. 현재 조금 손해를 본다고 미래에도 손해를 보는 것이 아니다. 지금 본 손해는 미래에는 복으로 되돌아온다.

예컨대, 직원 A가 육아휴직을 하는데 인력충원이 되지 않아 A업무를 나머지 직원들이 분담해야 하는 상황에서, 직원 B는 A의 업무 중 어렵고 골칫거리 부분을 맡아 처리하겠다고 자원을 한다. B는 더 많은 업무를 떠맡아서 현재는 손해를 보게 되었다.

B의 행위가 미래에도 손해일까? 소속과장은 업무조정의 부담을 덜어서, B의 행동에 대해 두고두고 고마움을 느낀다. 과장은 B에 대해 일종의 '부채'를 떠안은 것으로 여긴다. 업무를 분담했어야 할 직원들도 B의 자원신청에 '나는 이런, 이런 이유로 맡을 수 없다.'는 구차한 논리싸움을 하지 않게 되었다. 직원들 역시 B에게 고마움을 느끼게 된다.

B의 자원신청이 없었다면 어떻게 되었을까? 직원 간 업무 분담을 해야 하고, 이 과정에서 감정싸움으로 번지기도 한다. 회의 끝에 타의로 업무를 맡게 된 C는 '일의 적임자는 D인데 내가 왜 해야 하지?'라며 불만을 품는다. 이렇게 되면 팀원들은 서로 감정이 틀어지고, 그 상태는 인사이동으로 팀원이 변동될 때까지 회복불능 상태가 된다.

'내가 조금 손해 봐도 좋다'는 넉넉한 마음과 실천은 나에게 복으로 되돌아온다. 검찰수사관은 수많은 인사이동을 하게 된다. 어느 때는 꽃보직인 곳으로, 다른 때는 모두가 기피하는 부서로 이동하는 경우가 발생한다.

하지만, 긴 안목에서 보면 똑 같다. 좋은 곳에 간다고 좋아할 일도 아니고, 힘든 곳에 간다고 얼굴을 찌푸릴 일도 아니다. 넉넉한 마음을 가지고 생활하면 복으로 돌아온다.

참고문헌

- ○ 김해마루(2019), 법학입문, 형사법 1, 형사법 2, 율현출판사
- ○ 대검찰청 사무국(2018), 국민과 함께하는 검찰수사관 바로알기, 성민기업
- ○ 법무연수원(2021), 제89기 검찰신규자과정 Ⅰ, Ⅱ, 남일문화주식회사
- ○ 대검찰청(2019), 2019 재산형집행 업무편람, 도서출판 성민
- ○ 법무연수원(2010), 법학전문대학원 검찰실무교재Ⅰ, 우리사
- ○ 이준보·이완규(2017), 한국 검찰과 검찰청법, 박영사
- ○ 이재상(2010), 형법각론, 박영사
- ○ 남충희(2012), 7가지 보고의 원칙, 황금사자
- ○ 김상욱(2018), 떨림과 울림, 동아시아
- ○ 이명현 외 2인(2015), 과학수다 1, 사이언스북스
- ○ 유발 하라리(2015), 사피엔스, 김영사
- ○ 빌 브라이슨(2003), 거의 모든 것의 역사, 까치글방
- ○ 인터넷 자료
  - 대검찰청 홈페이지(www.spo.go.kr), 검찰소개, 정보자료, 검찰활동 등
  - e-나라지표(www.index.go.kr), 형사사건 관련 각종 통계자료
  - 사이버 국가고시센터(www.gosi.kr), 각종 통계자료
  - kosis 국가통계포탈(www.kosis.kr), 각종 통계자료
  - 열린 연단(openlecture.naver.com), 김경렬, 지구의 역사/인간의 진화
- ○ 인터넷 기사(네이버 뉴스)
  - KBS뉴스(2021. 3. 13), 손님 몸수색한 편의점주, 1심서 집행유예
  - 동아일보(2017. 12. 26.), 마지막 사형집행 20년
  - 동아일보(2021. 2. 18.), 공무원 울린 시보 떡 문화

참고문헌

- KBS뉴스(2020. 12. 11.), 채무자 아들 결혼식장에서 빚 독촉 70대 벌금형
- 머니투데이(2021. 2. 14.), 결혼식장 찾아가 혼주에 "돈 갚아라", 명예훼손, 유죄
- MBC뉴스(2021. 5. 28.), 아내가 먹던 음식에 침 뱉은 변호사, 법원 재물손괴로 유죄
- 파이낸셜뉴스(2021. 5. 28.), 아내 밥과 반찬에 침 뱉은 변호사, 2심도 재물손괴 인정
- 조선일보(2021. 7. 3.), 반찬에 침 뱉어도, 차 가로막아도, 재물손괴의 재발견
- 서울신문(2021. 7. 23.), 사실적시 명예훼손 폐지 형법 개정안 발의
- 경향신문(2021. 5. 24.), 차 앞뒤 장애물 둬 보복주차, 대법원 재물손괴 해당
- KBS뉴스(2021. 8. 13.), 주차장 입구 막았다가 재물손괴 기소, 법원 판단은?
- 조선일보(2020. 11. 24.), 신문은 선생님, IT따라잡기
- KBS뉴스(2021. 9. 9.), 남편이 없을 때 불륜, 주거침입으로 처벌 못해
- TV조선뉴스(2021. 9. 9.), 유부녀 집서 불륜 저지르면 주거침입?
- 법률방송(2021. 9. 13.), 40년 만에 뒤집힌 주거침입 대법 판례
○ 기타자료
- 한제희(2020. 12.), 검사 입장에서 본 형사증거법의 이해, 검찰 e-PROS 게시판 자료
- 유일준(2009), 송치사건의 보강수사, 법무연수원 검사직무대리 교재

검찰수사관은 무슨 일을 하나요?

발행일 : 2021년 12월   초판 발행

저   자 : 곽명규

발행처 : 도서출판 다올

전화 : 031-278-7231